職場で傷つく

勅使川原真衣

リーダーのための「傷つき」から始める組織開発

大和書房

「優秀な人」が
いれば、組織の問題は
解決するのか？

はじめに

——なきものとされてきた「職場の傷つき」

あれだけやって、この評価かよ。
部下が動いてくれないのは自分のせい？
仕事辞めようかな。

こういうことを思ったことがない人はこの世にいないでしょう。
私もありますとも。

でも、できるだけ隠してきました。
だって、ＳＮＳを見ても、ハレの日の投稿が多いのなんの。そういうメディアだから、と言われるとそれまでなのですが、怒ったり、泣いたり、わめいたり。「ネガティブ」さは、敬遠されているかのよう。

やり場のない気持ちで書店へ行っても目立つところには、『怒らない…』『ご機嫌の…』『神メンタル…』などの書籍が並び、視線を横にずらしたところで、『世界のエリートはなぜ…』『一流の人がやっている…』などが目に飛び込んできます。

——そうか、できる人はもっと「整っている」のか……。

悲しんだり、怒ったり、泣いたり、焦ったり。いろいろと心が揺れ動き、忙《せわ》しない自分のことが、より惨《みじ》めに思えてくることも少なくありません。

そして結局、「しあわせ」なそぶりを研究しながら、生々しい痛みを堪え、動揺なんてなかったことにして生きていく。

でもこれ、確かに抱いた感情なのに、隠したり、なかったことにしたり、って、どこまでうまくできているんでしょうか。

「え、なんで……ひどい……」という困惑は、雑音でしかなく、それゆえ忌み嫌い、なきものとしつづけていて、大丈夫なんでしょうか。

これほどキラキラした社会において、大手を振って言い出しにくいことではありますが、

「傷ついている」

これが本音ではないでしょうか。

「しあわせ」を追い求めたい人間の性《さが》は理解しているつもりです。

しかし、いや、ゆえに、本書はこの「傷つき」の話をしようと思います。

それもあえて、仕事における「傷つき」を紐解《ひも》こうとしています。

なぜか。組織開発者として数々の職場に分け入り、対話するなかで、いよいよ本題に入ったサインが意外にも、

「要は自分、『傷ついている』っていうことなのかも」

ということばが本人の口から出たタイミングだと、常々感じてきたからです。

これまで「もやもや」ということばでそれなりに表現されてきましたが、**「傷つき」を自覚し、ことばにしてはじめて、事態が好転していく**ことをいく度となく、さまざまな職場で目の当たりにしてきたのです。

職場で「傷つきました」は禁句

「いやー、でも職場で『傷つき』なんてそうそう聞かないですけどねぇ」とおっしゃる方もいるでしょう。たしかに、「職場で傷ついた」と口にしてみても……違和感がありますよね。

自分でさえ、書けど、読み上げれど、不慣れというか、馴染《なじ》みがないというか。ずっと「職場」やそこに渦巻く感情を仕事にしてきた私であっても、聞き覚えのないフレーズなわけです。

ですが私は、このひっかかりにこそ、いっそう着目すべきと考えます。

というのも、人生の多くを費やし、心血注ぐ場である「職場」と、同じく実生活・実社会において多々経験する「傷つき」が同時に使われてきていないのだとしたら、これはやはり、奇妙なことだからです。

「職場で傷つく」ということは、おそらく十中八九起きていることなのに、意図的に口外されない、なきものとされる——これはどういうことなのか？

もしかして、

「職場で傷ついた」と思わせないしかけがあったのではないか？
「職場で傷ついた」なんて言おうにもその口は塞がれてきたのではないか？

そんな問いが、にわかにわき上がってくるのです。

ハラスメント案件でも、メンタル案件でもない何か

がぜん、「傷つき」×「職場」にそそられた私は、新聞社の記事データベースで「仕事」や「職場」と「傷つく（傷つき）」ということばの組み合わせがどのくらいあるのか検索してみました。

すると、ある文脈に偏在していることに気づきました――「ハラスメント」や「メンタル」という文脈です。これはますます次のような問いへと誘います。

- 本来当たり前に存在している「職場での傷つき」を、現場でなかったことにする、見えないものとしているのではないか？　そのために巧みなしくみがあるとしたら、いったい何か？
- 「職場の傷つき」という元々ありふれたことに、「ハラスメント」や「メンタル不調者（ときにメンヘラなどという品のないことばにもなる）」というラベルを貼ることで、自分たちとは違う、ごく一部の人たちに起きているかのような、問題の個人化・矮小化が進んでいないか？

・「組織変革」「心理的安全性」「人的資本経営」など耳に心地のよい「新しい指針」が示されるほどに、実は身近な「職場での傷つき」が置き去りにされ、タブー案件になっているのではないか。新しいそれっぽい概念が広まれば広まるほど、中身が曖昧《あいまい》になる印象が拭えないが、「働く」という経験は皆にとってよりよいものになっていくのだろうか？

誤解なきようにお伝えしたいのは、ある条件下では「ハラスメント」だとして評価や処遇を問われたり、また、傷ついた側の傷の深さ次第ではときに「メンタル不調」として精神医学的な加療がなされることはもちろん大切なことです。

しかし他方で、ある種、極端なところに行くまで、日常的な個人のもやもや（悲しみや戸惑い）はなきものとされてしかるべき、というのも違うように思います。

正常か異常か、できる人かできない人か、のような乱暴な二元論ではなく、素朴な疑問なのです。

――あのときのあなたの傷つきや悲しみや怒りは、職場でろくに口外されずに、どうな

っているんでしょうか？

シャボン玉のごとく、きれいさっぱり消えたのでしょうか。いつまでも気にしているほうが悪くて、さっさと「メンタルを強く」すればすむのでしょうか。

もしくは「怒らない技術」「いつもご機嫌でいる作法」があれば、平静を装えるのか。

はたまた、「職場での傷つき」は、〝自分が仕事できないやつだから仕方ないんだ、期待に応えられない自分が悪いんだ、能力が低いからダメなんだ〟などと納得させてしかるべきなのでしょうか。

「あの人やる気ないよね」

その答えは総じてＮＯだと考えます。

それより、本書の主旨を先取りするものですが、〝いいオトナが「仕事で傷ついた」なんて言っちゃダメだよ〟ともっともらしくささやかれますが、その「**もっともらしさの裏**」を考えたいのです。

もっと言えば、「職場で傷ついた」というシンプルな日常的経験は、意外にも次のような発言に擬態し、一部の「問題を抱えた人」「できの悪い人」の話へと転じていやしないか。

「あの人やる気ないよね」
「この部署は問題社員ばかり」
「残念な上司のもとで成長しそうもない」
「社長にリーダーシップがないから、うちの会社はぱっとしないんだよ」

聞いたこと、もしかしたら言ったことのある、お馴染《なじ》みの発言ではないでしょうか。上司から部下へのみならず、部下から上司のパターンも含む、働く個人に対するあらゆる立場からの言いぐさ。

その矛先は、相手の「やる気」や態度、「リーダーシップ」をはじめとする「能力」への「評価」に向けられていることが多いわけですが、これらの**一見それっぽく聞こえる「能力評価」こそが、「職場で傷ついた」と言わせてくれない労働・職業世界をつくっているのではないか?**

そんな仮説を解きほぐしていこうとしているのです。

逆に言えば、

言われたことしかやらない職場
多様性はかけ声ばかりで、実は排他的な職場
上意下達で創造性や革新性が立ち現れない職場

などの、疲れた職場という問題は、社員個人の「不出来」「能力・資質」「メンタルタフネス」の問題にされがちです。そして、組織は個人の「選抜」「育成」に躍起になっていますが、足元の個人の「傷つき」をなおざりにしたまま、功を奏することはあるのでしょうか。

――本書ではこのような問いを入口に、**「職場の傷つき」が、公言されずとも、どのような場面で実は存在しているか？　それなのに、本人が申し出ることはなぜないのか？**　その背景に迫ることから「組織開発」をはじめていきます。

「1on1」に飛びつく前に

言わずもがなですが、傷は本来、放っておいてよくなるものばかりではありません。相応のケアが不可欠で、タイムリーで適切な対処次第で、あとの治りが違います。

靴擦《くつず》れを例にしてもいいでしょう。

靴擦れが痛くて痛くて仕方のないときに、同じ靴を同じように履《は》くなんて、想像するだけで顔をしかめたくなります。状態次第では、消毒・絆創膏が必要だし、少なくともよくなるまでは同じ靴を履くのはよしておいたほうがいいわけです。

「傷」を知覚したなら、同じことを繰り返さないように、普通は「手当て《ケア》」をするものなのです。

しかし今、職場で傷ついた人は、「弱き者」「残念な人」として置き去りに、「もっと強くなるためには……」の訓話がまき散らされているように思います。

「傷つき」をなきものとした、「1on1《ワンオンワン》」「人的資本経営」「ダイバーシティ&インクルージョン」「ウェルビーイング」などのありがたきコンセプトの数々が、意図に反してもたらしてしまっているものがありやしないか？

そう誰かが考えてしかるべきではないでしょうか。

誰かが問わねばならない――本書のねらい

ほころびはすでに見えています。

厚生労働省「労働安全衛生調査（実態調査）」の調査結果によると、働く人の8割以上（82・2%、2022年調査）が「仕事や職業生活に関することで強い不安、悩み、ストレスを感じている」とされています。[1] その他研究機関の調査でも、仕事による「精神的健康度」の侵襲は指摘されています[2]（ちなみにこのことを経済産業省ではなく、厚生労働省が管轄することがすでに、一定の文脈をつくっているとも言えますが）。

仕事という、多くの人の人生で多くの時間を費やす「職場」。そこは、これら苦しみと切り離せない「場」だとあきらめるしかないとは、思いたくない。

仕事や職業生活に関することで
強い不安、悩み、ストレスを感じている

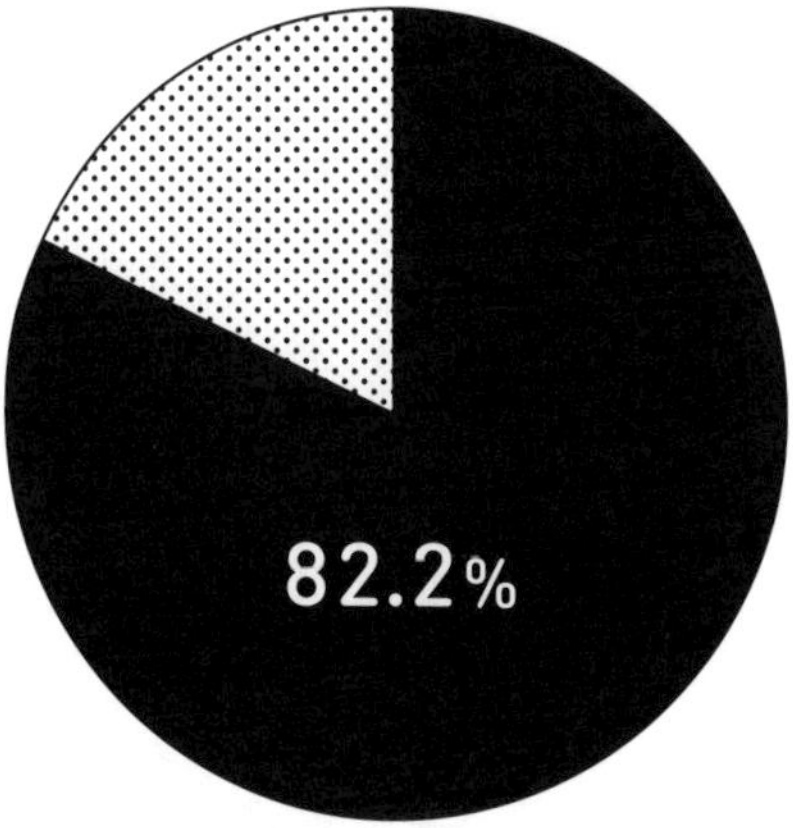

働く人の
8割以上!

厚生労働省　労働安全衛生調査　実態調査2022年

仕事というのはいつの世も苦役であり、こころのやわらかな部分が「傷ついた」なんて吐露することは、負け犬の遠吠えだなんて、どう考えてもヘンです。

そんな問題意識を、日常的な「職場の傷つき」に光を当て、そこから見える「職場」、ひいては社会全体の潮流に潜む問題点を言語化していきます。そこをなきものとせず、ことばにしたうえで、個人の存在そのものがより慈《いつく》しまれる「職場」「仕事」への道筋を照らすのが本書のねらいです。

本書の構成について

解題の手順は、次のとおりです。

第1章でまず、「ハラスメント」と呼ぶまでもない日常的な、ともすれば自分でも「能力」のせいにするなどして、なかったことにしている「傷つき」について棚卸しをします。え？　これも「傷つき」なの？　と思うものもあるかもしれません。なぜ意外に思ったのかも、味わっていただければ幸いです。

次いで第2章では、そもそもなぜ、いつから、どのようにして「職場で傷ついた」と私たちは言わない・言えなくなったのか。ある種、「言わせない」メカニズムはどこにあるのかについて分析していきます。

もちろんそれは個人の心持ちの問題ではありません。**私たちが「言わない」のではなく、「言わせてもらえない」構造が、社会・職場にあるということを重点的に解きほぐします。**「ハラスメント」が本書でいう「職場の傷つき」とどのような類似点がありながら、どう決定的に異なるのか、などにも触れることになります。

第3章では、「職場で傷つく」ことを当たり前にしないために、個人や企業ができること・やるべきことを事例とともに詳説します。

そして第4章ではさらに、社会として「傷つき」を当たり前にしないために、立つべき視座や不可欠な実践について、紡ぎます。

そのようなステップを踏みながら、私もあなたと同じように**「職場で傷つく」という経**

験を語り、受け止め合うことから、組織内の「傷つき」を可視化し、手当て《ケア》を施す＝組織開発をはじめられたらと思います。

「傷つき」がなかったことにされている構造に気づくことではじめて、個々の持ち味が「傷つき」で棄損《きそん》されることなく最大限生かされる組織になります。

「パワハラ受けて病んじゃって休職入ってるよ、うちの課の○○さん」

「あの人ハラッサーで有名だよね。かかわらないようにしなきゃ」

と噂し、対岸の火事にしている場合ではありません。

そうなる何十歩も手前で、「職場での傷つき」を問題だとも思わず、なんとかしようともがいている人がたくさんいることを、組織開発コンサルタントとして現場に入る中で本当に何度も見てきましたから。いい加減、手を打ちたいのです。

「傷つき」当事者として私のことを少し

申し遅れましたが、私は20年近く、個人個人が固定的に持っているとされている「能力」の存在を疑い、能力主義の代案を探し求めてきました。

子どもの頃は「学校で傷つく」経験が多かった……のもあって大学院では教育社会学という分野に進み、「能力」や「能力主義」の不確かさについて、じっくり学びました。その後、職場の「能力」開発を請け負う「人材開発」の業界へもぐりこんだわけですが、その日々はまさにミイラ取りがミイラになるものでした。自分もだし、クライアントをはじめとする多くの方々の「職場の傷つき」も目の当たりにしました。

そうこうすると、ミイラこと私は進行がんに冒され、病に臥《ふ》しながらも改めて、人となりを「能力」として序列づけ、時に排除もいとわない社会を憂い、個人の「能力」に代わって、生を導く杖があるのかないのかを問う一冊、『「能力」の生きづらさをほぐす』（どく社　2022年）を、追って『働くということ　「能力主義」を超えて』（集英社新書　2024年）を上梓《じょうし》したのでした。

「自分なんて傷ついても仕方がない。だってできないから」

「仕事が怖い」

「職場で傷ついたなんて言ったら負け」

——そんなふうに思うことのある一生懸命で真面目なあなたにお読みいただけたら幸いです。

いいや、自身は「リーダーシップ」を存分に発揮しているのに、職場のまわりからは「能力が低い」と吹聴されているあなたにも。「静かに退職する若者」を「去る者は追わずだ！」と威勢よく一蹴するも、心の奥底で不安が渦巻いているのなら、ぜひこっそりとお読みいただければと思います。

勅使川原真衣

もくじ

はじめに　――なきものとされてきた「職場の傷つき」

第1章 「職場で傷つく」とはどういうことか？

第2章　「職場で傷つく」と言えない・言わせないメカニズム

第3章 「能力主義」の壁を越える

第4章　いざ実践――「ことばじり」から社会の変革に挑む

第１章

「職場で傷つく」とはどういうことか？

「はじめに」で記したとおり、職場での傷つき体験は、実はそこかしこにあると考えています。なのに、声高に存在が提示されないのには「裏がある」と読むのが賢明でしょう。本章では、まずなきものとされがちな「職場での傷つき」について、身近に遍在する事象を棚卸ししてみます。

少し苦々しい、流してしまいたい気持ちもなくはないですが、直視せずして先には進めません。一緒にのぞいてみましょう。

ここで挙げるのは、ある人の、ある日の職場で抱えた「え、なにそれ」と感じたエピソードの数々です。この戸惑い、疑念、悲しみなどは、もしかすると仕事にまつわる「傷つき」だったのでは？と想像しながら読み進めてください。

皮切りは、職場で避けられない「評価」において散見される「傷つき」から考えることにします。悪い評価をつけられて悲しい、なんて単純な話では毛頭ないのです。

1 評価で「傷つく」

CASE1

❖ 45歳・大手メーカー人事部課長 Aさんの場合

地方のオーナー企業。ニッチトップ市場を席捲する、専門メーカーに勤めている。新卒で入社以来、文系総合職の自分は、経理と人事を経験し、結局人事にキャリアは落ち着きそうだ。

人事部長とはかれこれ20年近い付き合いになったのだが……仕事のやりにくさは、この20年まったく変わらない。慣れれば、とか、自分の力がつけば、なんて思いながら若手時代を過ごしたが、部長がいる限りそんな日はこなそう。

悪い人じゃない。

部長は部長で、ただただわかりやすく「結果」を出したい、という素直な気持ちの持ち主なのだとは思う。よく取引先銀行系のセミナーに参加して、人事制度や人材開発の勉強もしているらしい。が、帰ってくるとすっかり感化されて、「パーパス（組織の存在意義）だな、パーパス」と言っては具体的な話はこちらに丸投げしようとしてくるので非常に迷惑している。さらには、社長の前での変わり身の早さにも定評がある。対社長の「究極のイエスマン」と陰では呼ばれている。

「ツルの一声」からの護身術

あくまで社長だけを向いて仕事をしている（ように見えて仕方ない）部長から指示を受けたり、合意形成しながら物事を進めるというのは、実に難易度が高い。部長の指示に従って進めたものの、社長のツルの一声でおじゃん。そんなふうに「バカを見た」ことが数万回（は言い過ぎかもしれないが）ある。

そんなことが続くから、自分にだって作戦がある。納期ぎりぎりまで、部長の「ファイナルアンサー」を待つようにするのだ。早く取り掛かっても、平気で朝令暮改されてしまう。ならばぎりぎりにやればいいのだ。もう変更が利かないだろう、というすれすれまで他のことをする。そしてケツカッチン状態から、部長案件（すなわちは社長案件なのだが）に手をつける。これで僕の精神衛生も多少は守られる。ふぅ。

主体性、積極性に課題!?

と思ったもつかの間。腹が立って仕方がない。いやむしろ絶望している。
なぜなら、今期の評価面談で部長から「主体性、積極性に課題」との評価を告げられたのだ。口頭でこんな補足も。

「お願いしたことに取り掛かるのが、ちょっと……遅すぎるよね。いつも見てて思うんだけどさ。それってイニシアチブ（主体的）をとれてるって言えないよねぇ。そこが、任せる側からすると申し訳ないけど、不安っていうか。昇格には遠いかなって。パーパスは共有してあるんだからさ、そこを汲んで、自ら動かないとさぁ」

輪をかけて、先日外部の人事コンサルが絡んで指揮をとる「リーダーシップアセスメント」を受けさせられたのだが、その結果もひどいものだった。同職位の他のメンバーの中で、下位20%とある。降格はないことを祈るけど、課長が限界か。今後の昇格の見通しは限りなくゼロに近いと言われたような気分だ。

部長は明るい。ある意味いつも笑顔でご機嫌だ。そして明るくこんなことも言う。

「Aは慎重だからなぁ〜。もっと大胆に社長に食らいついていかないと！　俺はそうしてきたよ」

部下たちの前で、僕を評しながら、肩を叩いてきたりする。本当は叫んでやりたい。

〝**僕ひとりの能力・資質の問題なのかよ‼**　「慎重さ」だって、大事な資質じゃないのかよ。アクセルだけの車でどうすんだ？　誰がブレーキ踏むんだよ？　陰陽ってことば知らないのかよ？　陽のあんたの代わりに、陰を担ってやってるの、わかんないのかよ？　部長は、社長の伝書鳩である以外に、なんの価値を生み出していうっていうんだ⁉〟

飲み会のときにしか吸わないたばこに、今日ばかりはひとりで火をつける。家に帰るまでに、このやさぐれた気持ちをなんとかしたくて。

そんな願いも虚しく、後日追い討ちをかけるような話が風の便りに。なんとその部長の「リーダーシップアセスメント」は、当社の管理職のトップ3に入るものだったというのだ（というか部長がうれしくて回覧させている……）。

くそくらえ。

外部の人事コンサルが、営業用に、意思決定者である部長のスコアを吊り上げたのではないかとすら妄想する。あり得ない話ではない。あー終わってる。

❖　❖　❖

これは実話をもとに創作しているエピソードですが、うなずく方が少なくないと想像します。

「相性」という側面が大きそうなのに、個人の「能力」――Aさんの場合は「主体性」「積極性」というこの目で見たことはないが、耳にタコができるほど聞かされる「評価」――によって、日々の仕事のやりにくさ・それに伴う疲弊した職場の状態に「傷ついている場合ではない」と逆に説教されてしまうような状況です。

お互いの性質が当然違うので、状況解釈にも溝がありそうですが、そこを膝詰めで、〝お互いにかけているメガネが違えど、制約条件の中でどう仕事を回していこうか?〟なんて対話はないままに。そうして今回で言えば、立場の強い（権力のある）側からの一方的な、「仕事ができない」というレッテルが貼られる。そうやって個人の「能力」に良し悪しをつけることで、組織としてはまるで「一件落着」したかのようになること。これはつらい。つらすぎる。

「職場の傷つき」の正体

いいですか。繰り返しますが、誰が正しくて、誰が間違っている、という単純な話ではないのです。お互い異なる「持ち味」があるのが人間です。その凸凹がどうもうまくかみ合っていない状態が、組織としてどこか「うまくいっていない」状況と言うべきではないでしょうか。**個人の問題というより、「組み合わせの問題」**なのです。

しかし、声の大きなほう、ここでは上司である部長から見た、一面的な人間像がひとり歩きし、Aさんが指導や叱責の対象になることが多いのなんの。組み合わせ、つまり双方向的な課題であることなんて、どこ吹く風です。

この一連のすれ違いこそが、「職場の傷つき」の正体だと、私は数々の組織に入らせていただく中で確信しています。

しかしさらに問題なのは、「職場の傷つき」がしかと、そこかしこに存在しているのに、なかったことにされつづけてきている点です。

事態はこれだけに留まりません。Aさんのように気持ちの問題では片づけられないほど発展した、実際の事案があります。

少し前の話にはなりますが、あるメーカーで左遷された社員が会社を相手取って起こした裁判です。どういうことか見ていきましょう。

「受け身」なエンジニアのリアル「ショムニ」[1]

「業務に対して受け身な点が多く、自らの提案、新しいことへのチャレンジといった姿勢があまりみられない」

人事評価にこうコメントを残され、また下位20%に当たる「C評価」を何度か食らったとある社員（大手メーカー勤務）。「希望退職」という名の人減らしリストに載り、会社側から暗に退職を迫られたそうですが、「希望」なんてしたことがないので拒否しました。

すると、それまで鋭意従事してきたプリンター設計業務から外され、倉庫や工場に異動に。40代、働き盛りのエンジニアにこ

続・人減らし社会 1

おとなしい社員 狙いうち

なぜ自分 コツコツだけではダメだった

の異動が意味するものとは……推して知るべきものがあります。

当然のことながら不安に駆られ、合理的な説明を会社に求めるも、回答は得られず。

そこで、同様の処遇に遭った5名が原告となり「人事権を乱用した異動は無効」として会社を提訴したというわけです（以後、原告の訴えを認める形で、会社側に異動命令を無効とする判決が下された）。

会社側の違法性は見逃せませんが、注目すべきは、裁判の審理の中で開示された会社側の人事面談資料にある、原告たちの人事評価です。

取材記事によると、「積極性がない」といったことが書かれていたとありました。つまり、この新聞記事の見出しにもありますが、**「おとなしい」という本人の資質をもっともらしく一方的に「評価」して、「使えないやつ」として外の部署に切り出してしまう。**この一方的、一面的な評価が暴力的だと思うのです。

そして、訴訟を起こすほど奮起する前には、悲しみ、いらだち、疑心、焦燥感……さまざまな「傷つき」があったことは誰しも想像できるのではないでしょうか。

会社を相手に裁判をする、なんて、したくてする人はまずもっていません。相当追い込まれた状況であり、会社側としては、相当やらかした（相互理解のための適切なプロセスを踏まず、強引な人事施策に及んだ）事案と言えましょう。

もう1つ、類似した重要な事例がありますので、紹介させてください。

部下ゼロなのに「リーダーシップ不足」の評価

とある外資のクレジットカード会社の社員が会社を相手取って起こした裁判の事例です。原告は営業をリードしてきたある女性社員で、妊娠前は37名の部下を率いるも、育休前後に副社長から直々に、「チームリーダーは乳児を抱えて定時で帰宅できる職務ではない」「自分でペースをハンドルできる仕事のほうがいい」「1年半以上休んでいてブランクが長く、復職しても休暇が多いからチームリーダーとして適切ではない」などと言われたうえ、育休後に復帰すると、「冷遇」と言って差し支えない配置転換や職務命令を受けた（部下はゼロに、また職務は電話営業専任にされた）と言います。

一審はこれを「通常の人事異動」として訴えを退けた、というのもびっくりなのですが、注目すべきはその合理性の1つに、彼女への人事評価が挙げられた点です。

彼女は「リーダーシップ」という人事評価項目で最低評価をつけられていたのです。まるで「部下を大勢束ね、率いるなんて無理でしょう？」と烙印を押されたかのように異動は「致し方ない処遇」に仕立てられた、と。

しかし控訴審はこれを「人事権の乱用」として、一審を覆したことが2023年春頃話題になりました。先のリーダーシップについては、「部下をつけない人事異動を強いたのだから、リーダーシップなんて発揮しようがないでしょうが！」と実に真っ当な判断がされ、損害賠償命令が下されたのでした。

評価はどこまで「正しく」できるか

納得のしようがない冷遇。このワーキングマザーは、その憤りを裁判という形に変え、法律家の適切な支えもあって切り抜けましたが、かつての尽力と偉業を無下にされた気持ちは、想像するだけで胸が痛みます。

このケースも例外なく、十分な対話なき会社側の一方的な「評価・処遇」への怒りであり、決して軽くない訴訟のプロセスを鑑《かんが》みるに、その前には相当の「傷つき」があったことが考えられるのです。

ですので、先ほどのメーカーエンジニアの事例もクレジットカード会社の事例も、やはり、裁判したくて裁判するような奇特な人はいないわけで、「会社を相手取って裁判だなんて、困った問題社員だなぁ」なんて思う以前に、どうしようもないこじれた状況で司法に託す、彼女の窮地を理解することが不可欠です。

怒りというのは二次感情であり、怒りの前には「傷つき」があります。一次感情である「傷つき」を「傷つき」のままに、まず内省のうえ、ことばにできる場があったのなら……と悔やまれます。

このような一方的で乱暴な処遇はそもそも論外ですが、せめて、「この処遇にはさすがに傷つきました。お互いが見ているものをまずは議論の俎上《そじょう》に載せたうえで、歩み寄れる点を見つけたいです」と言える環境がもしあったなら——会社側も、人事命令の前に、「傷つける意図はないけど、ショックを受けていると思う。今回の背景には本当は、あなたにこういうことを期待していて、それに対して今はこうだと、我々の目には見えているんです」などと冷静に、しかし人間の心情に配慮した〈対話〉ができていたら——と思わずにはいられません。

対話なき一方的なジャッジに「傷つく」

ここは声を大にして言いたいポイントです。怒りの前に悲しみ・傷つきがあり、その時点で〈対話〉ができれば、会社は余計なエネルギーをつかって紛争解決に奔走したり、解決できず誰かを一方的に排除するようなまねをしたりせずにすむのです。

しかし少なくない職場で、**「目線合わせ」こそが〈対話〉の本丸であるはずが、目線合わせを申し出た時点で、「めんどくさい人フラグ（旗）」が会社側から個人に対して立つこと**

が少なくありません。責任（responsible）の語源は応答可能性（respond+able）です。互いに責任を果たすには、自身が見えている世界を双方が説明し合う以外にないはずなのですが……。

忖度《そんたく》や空気を読むことを貴《とうと》ばれるわが国においては、なかなかフラットに「話し合いたいのですが」と言い出せないところがあり、これがまた問題を根深くしているとも言えそうです。

職場の「傷つき」に不可欠な〈対話〉については、成功事例も含めて、第3章でじっくりと扱っていきます。

2 職場の日常で「傷つく」

勅使川原真衣の場合

「はぁ？　それってファクト？　あなたの意見は聞いてない」

「時間かかりすぎ。もういいよ。こっちでやるから」

「考えたらわかるよね？　頭使ってくれる？」


仕事が怖い。職場は戦場だ。

自分が寝ている間に案件がどうなるかわからない。またやらかして、叱責されるんじゃないか。そう思うと、眠れなくなり、夜になるのが怖くなる。明け方まで起きていると当然眠気がとれず、また日中に職場で凡ミス。また自信を失い、すべてに疑心暗鬼になり、また眠れず。案の定、入社後最初の人事評価で5段階の最低評価を食らった。もう3か月で芽が出なければ辞めるしかないな……そんな気持ちだった。

——これは20代~30代前半の私の話です。当時「心理的安全性」ということばも「ストレスチェック」も存在しませんでしたが、職場に自分の居場所はなく、極度のストレスで見た目も心もボロボロでした。

またその頃は結婚など、プライベートでの人生設計も同時期にこなす必要がある(「リア充」の呪縛)ものの、あっちもこっちもどん詰まり。「死んだら楽になれそうだな」と思ったことは正直、何度もあります。

でも言えなかったし、言わせてもらえる空気もありませんでした。「職場で傷ついた」なんて、バカな。元気に活躍している人がたくさんいる中で、そんな負けを認めるようなこと、自分からできない。産業医に相談? ないない。自分から「メンタル不調」フラグを立てに行く人、そうそういないって……。

あぁでもない、こうでもないと考えた末、「傷つき」を自覚し、適切にケアする機を逸した私は結局、新卒のころから15年もの間、丸の内線の発車サイン音を聞くと、動悸が止まらないのでした。

とはいえ、今となってはわかるんです。自分の感覚に一定の自信があり、誇りもあるのに、データを扱う仕事であったため、自分の「感覚」「主観」をことごとく封印させられたことが、ストレスだったと。

私は私の方法で「頭」というか、「心」というか、それをフル活用して仕事していたつもりが、「客観性」「データ」至上主義の中で、自身の知性はおろか、存在そのものを全否定されたこと。これが私を追い詰めたのだと振り返ります。言えないから癒えない、というのは本当にバカにできません。

ただしこれも、だからと言って、会社側だけが責められるべき話ではないことは、お気づきのとおりです。

リサーチやコンサルティングファームが「感覚」の話をしだしたら、収拾つきませんよね。そもそもクライアントも社内も求めているのは「客観的」な「データドリブン（データにもとづいて経営判断や事業のアクションをとっていくこと）」な示唆《しさ》なのですから。

私という人間と、事業とのいわば「相性」の問題だと思いますが、私は能力評価で最低評価をつけられることで、自責の念ばかりが育ち続け、「傷つき」、自爆したのでした。

あとの祭りではありますが、今思うと、事業の性質と、自身の強みとを、私も就職する時点でもっと向き合っておくべきだったとの自省があります。私は私で、自分の柄にない（強みではない）おぼろげな「知識労働者」像を掲げて、憧れで仕事を選んでしまっていたことは否めません。

「自分で考えろ」と「傷つき」——ダイハツ工業の事例から

うまくいかなかった私の話に次いで、うまくいかなかった企業の話をしたいと思います。

2023年末、世間にとどろいた大企業不祥事といえば、ダイハツ工業の不正問題でしょう。なんと、34年にわたる、試験実施時の不正加工・調整、試験結果の虚偽記載、試験データ捏造《ねつぞう》・改ざんなどの不正が明るみに出たのでした。その後の第三者委員会の調査で、

「組織風土」の問題が指摘されたことは、知られた話です。生産性を極限まで追求した「短期開発」の至上命令、その顛末《てんまつ》として、

「『自分や自工程さえよければよく、他人がどうであっても構わない』という（中略）自己中心的な風潮がある組織風土が、認証試験の担当者に対するプレッシャーや部門のブラックボックス化を促進し、リスク情報の経営層への伝達を滞らせる土壌になっていた」

と、第三者委員会は報告したのでした。[2] 他にも、調査結果で浮かび上がった組織風土の記述には、こんな職場の日常が記されていました。

・「できて当たり前」の発想が強く、失敗があった場合に激しい叱責や非難
・全体的に人員不足、余裕がなく目の前の仕事をこなすのに精一杯
・机上で決定した日程は綱渡り日程でミスが許されない
・なんとか力業で乗り切った日程が実績となり、無茶苦茶な日程が標準となる

新聞に掲載されていたインタビューなどで状況を補足すると、何かあるごとに、**「自分で考えろ」が職場の頻出ワードだったと言います。**

「無茶苦茶の放置」と「自走する組織」

これも「わかるわかる」という方が多いのではないでしょうか。

無茶な開発スケジュールを掲げられ、現場の作業単位では、無理でどうしていいかわからない状態が無数にあったものと思われます。そこで、上司に相談するも、忙しいうえに、そもそも人間業を離れた目標値を達成する術が上司にあるわけでもなく、こう言い放つ——「自分で考えろ」——不正はもちろんひどいのですが、組織開発を専門とする私からすると、現場の社員が不正を働く以前にとても「**気の毒な状況**」であったのだろうと思えてなりませんでした。

さらに特筆しておきたいのは、この報道に際して、朝のニュース番組でコメンテーターが「社員の倫理観のなさが……」などと話されていた点です。

社員個人の倫理観の問題でしょうか？
悪人が悪事を働いたのでしょうか？

倫理観があっても、「生産性」ということばがさも正しく、それ以外は悪だと思い込まされたということではないでしょうか。検査担当の社員は嬉々として、検査車を改造したり、データをちょろまかしたりしていたわけではないのだと思うのは私だけでしょうか。

調査委員会のこんな記述からも、推察されます。

「問題が起きても現場で抱え込んでしまう状況が生じていた」

不真面目な社員が、自らの利益のために、適当なことをした、のでは決してなさそうなわけです。

真面目な社員の「闇落ち」

真面目な社員が、言われたことに真面目に対応した結果、悪事に手を染め、ダークサイドへ堕ちてしまうという皮肉。

これは、もちろん結果的にあり得ない所業ではありましたが、彼ら・彼女らだって何とか正当にやりとげたいのだが、逆立ちしても自力ではどうにもならないような「目標」と対峙してきたことがうかがえます。頼みの綱であるはずの上司も、どうしていいか答えがないので、「部下の自走」などをおそらくは大義名分にしながら、「自分で考えろ」と言い放つ。

そのようにして結果的に、部下も上司も組織まるごと袋小路に追いやられた事例なのですから。これぞまさに「職場で傷つく」ことを経験していたのだと、言って差し支えないと思うのです。

「職場で傷つく」ということをなかったことにして、それも、「生産性」だの「積極性」だのという形のない「能力評価」の問題にさせられること。これが、**真面目にちゃんとやる社員が、いかにして思考停止に陥り、無能化されていくのか。「闇落ち」してしまうのか。**

このような問いを埋もれさせる真因だと私は考えています。

ちなみにこの「思考停止」ということば。職場に蔓延《はびこ》る深刻な病理のような言われようまでされることが多々ありますが、この事態にも違和感を覚えて仕方ありません。

「思考停止」という合理性

たとえば過日、こんな記事が出ていました。

企業組織病とは、大半の構成メンバー、つまり組織全体がかかってしまうビジネス上の病のことです。これには、有能な人間さえも思考停止させてしまうほどの破壊力があります。企業によって様々な「症状」がありますが、病の種類としては大きく5つに分けられます。ズバリ、「職務定義の刷り込み誤認」「お手本依存症」「職務の矮小化現象」「数字万能病」「フォーマット過信病」です。

（ダイヤモンドオンライン「言われたことしかやらない「思考停止の社員」が多い職場の特徴・ワースト5」）[3]

こんなものも。

あなたの仕事がうまく回らないのは、職場に巣食う「害虫」のせいである――。

（中略）会社を停滞させる構造的な問題を害虫に見立て、その特徴と対処の仕方を、実例を基に伝授する。

第1回は、何でもかんでも抱え込む「マルチタスク虫」。そんな害虫が一匹でもいたら、あっという間に職場全体に被害が広がり、業務を麻痺させてしまう。マルチタスクで忙しくしていると「できるヤツ」と見られがちだが、その実態は職場で一、二を争う危険な害虫だ。退治するために必要な、たった1つの特効薬とは？


（JBPress「会社の害虫図鑑(1)〜(7)」）[4]

そうだそうだ！と読む方もいらっしゃることでしょう。

しかし私はこれまでの流れを汲《く》むに、「思考停止」になりたくてなっている人がいかほどいるのだろうか？とやはり考えてしまいます。

むしろ、自身で積極的に判断する熱量を失ったり、自己判断をとがめられたり、朝令暮改で指示自体が容易に変更されてしまう……などといった職場の意思決定パターンの側に問題があり、結果的に「何でもかんでも抱え込む」状態に行き着いてしまっていることに他ならないのではないでしょうか。

そんな「害虫」だなんて、冗談じゃありません。

社員には社員の合理性があります。人生をわざわざ棒に振るような働き方を最初からする人はいないのです。

誰だって、職場における過去の判断パターンに基づいて、ましな（損しない）方法を選ぶのが人の性、合理性でしょう。ちなみに、「害虫」については「害虫G」を彷彿《ほうふつ》とさせるイラストまで描かれていました。これは人権的にもアウトだと思うのですが……[5]。

つまり、〝うちの社員は「思考停止」したやつらばかりだ〟とか、〝仕事を「抱え込む」できの悪いやつらが多くてさぁ〟とか、〝「害虫」さえいなければ、いい職場なのに〟などと揶揄《やゆ》することは、職場をよりよくすることに本当につながるのか?といま一度問うてみるべきだと考えます。

言い換えれば、本当に状況を打開するのなら、「誰が問題か?」のレッテル貼りではなく、

「組織の何が、この人を追い込んだのか？」を再考することが必要でしょう。社員が「やってもしょうがないや」と思うに至るまでを紐解くこと、です。

誰だってうまいこと立ち回りたい。でも現実的にはそれができない。まわりから認められていないのだとしたら、そのことに間違いなく「傷ついている」。

必要なのは「できないやつ」という糾弾ではなく、「傷ついてしまって、初心をもはや失いかけてるのかも……」と自覚し、**組織はしかるべき手当《ケア》てをすることが先決**なのではないでしょうか。

ゴルフボール・除草剤と「傷つき」——ビッグモーターの事例から

むしろ自分で考え、主体的に行動なんてしようものなら、どんな目に遭うかわからない——そんな不健全なことが、さも当たり前に起きていないかこそ、問うべきだと考えます。

先のダイハツ工業の不正もさることながら、２０２３年に先に世間をどよめかせたのは、ビッグモーター社の不正な保険金請求事件でした。[6]

ここで不正の詳細はお伝えしませんが、ゴルフボールを靴下に入れて、わざわざ余計に車体を傷つけていた実態などが明らかにされました。その背景には、「過酷なノルマ」や「利益優先主義」、それを達成できないと容易に降格してしまうという「上命下服」の組織風土にあると第三者委員会は報告しました。[7] 最初から、

「台風のときに風害の車が入ってきたら、ピッと傷つける。何か飛んできて当たったかのように見せる」[8]

なんてことを、したくて入社する人は、いません。これは断言できます。

しかし、それをやらないと降格してしまうとなると、それぞれに事情を抱えた社員の中には、「(不正を)やるっきゃない」と意思決定してしまうこともある。

経営計画書にも、社員に配られていた社員手帳にも、こんな記述があったほどですから。


「指示されたことは考えないで即実行する。

上司は部下が実行するまで言い続ける。

幹部には部下の生殺与奪権を与える。」

背筋が凍ります。企業のハムラビ法典にそう書いてあるのなら……こんなとこ辞めてやる！と簡単に言えない状況にある労働者は、信念を曲げてでも雇用機会の確保に努めてしまうことはあるでしょう。

さらにビッグモーターの一件ではもう1つ、「環境整備」と呼ばれる社内の衛生規範を満たすために、店舗前の街路樹に除草剤を撒いて、枯らしてしまう……なんて正気の沙汰とは思えないようなことも起きていました。

「環境整備」といった至上命令が絶対的になりすぎて、価値判断するような余白は微塵も残されていなかったことがわかります。これを、企業ぐるみの悪魔の所業だ！とか、社長も社員も極悪人だ！と言うより、社員はおおよそ皆（社長・副社長はわかりませんが）、

――傷ついていた。

これも、そう捉えて然るべきではないでしょうか。いい大人が、葉っぱが1枚でも展示車に落ちたら減給だ降格だ、と脅される中で、街路樹の葉っぱ自体なくすしかない……そう判断・実行するのは、そうせざるを得なかった、そのくらい追い込まれてしまった、という「職場の傷つき」に他ならないと考えてみるべきでしょう。

間違っても社員の道徳心や良心、倫理観の話で片づけるべきではなく、「コンプライアンス研修」なんてものをいくら施せど焼け石に水でしょう。

形だけの「ストレスチェック」

繰り返しになりますが、本書は真面目に職務に向き合ったことで受けた「傷つき」とその立ち直りについて、組織論という、医学や心理学が扱う「傷」とはまったく異なる視座で、複眼的に見つめ直していく一冊です。この章ではもう1つだけ、「職場の傷つき」の具体例を示しておきたいと思います。

というのも、「傷つき」≒「ストレス」なのでは?と思う方がいるだろうと想像するためです。

２０１５年からは、「ストレスチェック」が50名以上の従業員を抱える企業において義務化されましたから、表向きは〝「職場の傷つき」は法的に企業が把握するしくみになっているのでは〟という声が出てもおかしくないわけです。さて、「表向きは」と書きました。実際はどうなのでしょうか。

CASE2

❖ 33歳・会計事務所勤務　Kさんの場合

こないだ社内で「ストレスチェック」があったので、ついに書いてやった。上司の鬼軍曹ぶりがひどすぎる。ナポレオンをひきあいに出しながら、自分がいかに眠らなくても仕事ができるかをしばしばアピールする。通称鉄人。夜中の1時でも、4時でも、slack《スラック》がとんでくる。「報告まで」などとついている。

「リアクションはいらない」と言うなら、今送るなよ！

仕事と寝た男、とも言われていて、見た限り、趣味はないらしい。年末年始休暇の予定を聞かれたので、ケニアに旅行するのだと話したときの、「何しに？」という質問がすべてを物語っている。休みなんだよ、休み！　何しようと、もっと言えば、何もしなかろうと、こっちの勝手なんですけど。

そうこうして、ストレスチェック結果のレポートが出たと聞いた。自分の中ではちょっとした「告発」だったので、実はドキドキしていたのだが……これにはがっかりだ。うちの部門は4名しか部下がいないから、結果が表示されないのだ。「匿名性を守るために、分析結果を非表示にする…!?」

ちょっと待ってよ、なんのための無記名調査？　そもそも、何のための「ストレスチェック」？

こうして鉄人は今日も、夜中に「……の件ですが、こちらで確認しておきました。返信不要です」と連絡してくる。もう絶対、辞めてやる。

開けるだけ開けられたパンドラの箱

「傷ついた」「傷ついている」と一見言えそうで、もとい、実際に言ったのになきものとされる……こんな虚しさ、あるでしょうか。むしろ聞くだけ聞いてしまった点で、絶望により近いと言ってもいいでしょう。

ストレスチェックの形骸化は、言わずと知れた問題です。回答者個人が申し出ない限り、産業医の面談を受けることもありません。「あの組織、何人もがしんどいと回答してる……」とわかるにはわかるのですが、それ以上のアクションは原則とらなくてもよいようにできているのです。

なぜならそれは**「個人的なこと」だから。**「個人情報」開示のルールがあるから。以上、終了なのです。

現にデータとしても出ています。「労政時報第4034号（2022・4・22）」の「ストレスチェック制度の課題」（複数回答）として、「結果の活用（集団分析に基づく職場改善に向けた取り組みなど）」が73・8％で最も多いことがわかります。

7割強が、法令化されているからやってはいるけど、どう活用していいかは疑問……と答えているのは、なかなか正直な結果だと見受けます。

やれと言われたので、やってますけど

蛇足ですがもう1つ、正直な回答だなぁ……と思うのは、日本生産性本部の「第10回『メンタルヘルスの取り組み』に関する企業アンケート調査」で、「ストレスチェック制度の実施目的」質問への回答傾向です。

9割超の実施企業が、なぜストレスチェックをやっているのか？に対して、「法制義務化対応」（91・4％）と回答しています。[9] 義務化されちゃったからやっているのであって、定められた範囲だけを最低限やりますけど？　という姿勢が透けて見えるのです。

なぜストレスチェックを
やっているのか?

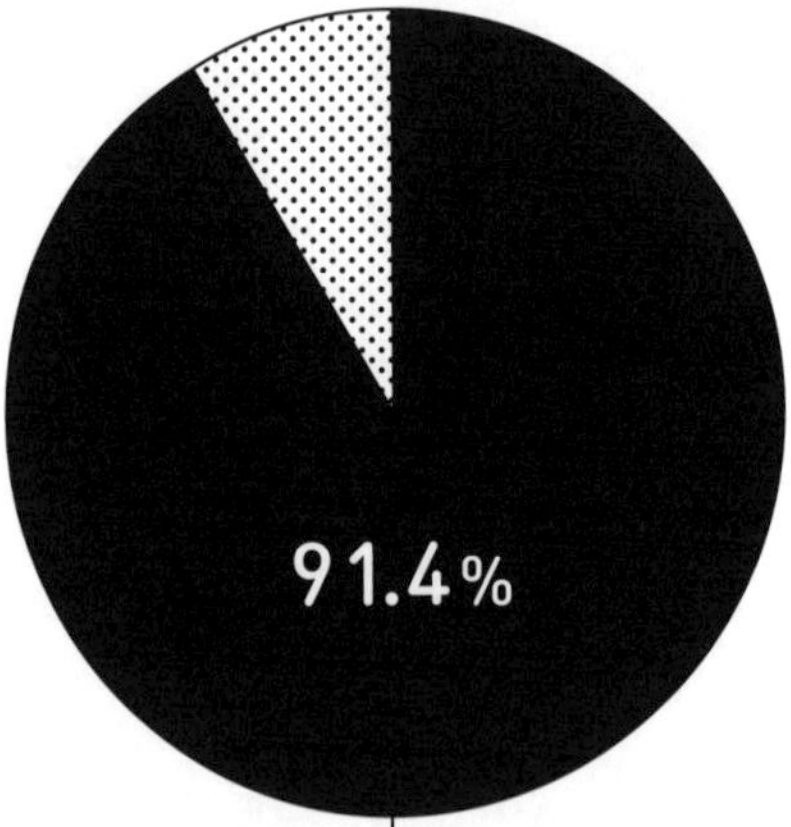

法制義務化対応

||

「法律で義務化されたから
定められた範囲を最低限やっていますが」

日本生産性本部
第10回『メンタルヘルスの取り組み』に関する企業アンケート調査

「傷ついた」と答えれど、また「職場で傷つく」

ストレスチェック以外にも、「エンゲージメントサーベイ（社員意識調査）」や「360度評価（上司だけでなく部下、同僚など評価者が複数人におよぶ手法）」などと呼ばれるものでも、「傷つき」が表明されたはいいが、そこで打たれる手が逆に首を絞めるような現象が起きているとも聞きます。どういうことでしょうか。

ダイハツ工業の一件のあとで、別の大手家電メーカーに20年余り在籍していた友人と話す機会がありました。

「ぶっちゃけダイハツの件って、前いたメーカーの人たちも今、戦々恐々としちゃったりするの？」

と尋ねると意外な答えが返ってきました。「いや、あれはさすがにない」と。なるほど。

「あぁいう方向の『闇落ち』はうちはもっとずっとガバナンスが効いているからあり得ないけど、別の意味で途方に暮れている社員は少なくない」と話す友人。

どういうことかと言うと、彼女が勤めていた業界最大手の1つのメーカーは、「管理」が行き届いた優良企業。たとえば、社員意識調査などでいえば、全世界10万人以上の従業員全員に実施するほどの力の入れようで、ゆえに「垂れこみ」口はしかとあるということ。よってそんなヤバい運営はできないというのです。

「天才職人」の降格

しかし、興味深いことがありました。

アーティスティックというか、非凡というか、我が道を行く系の職人気質のベテラン社員を思い浮かべていただきたいのですが、その方々に「エンゲージメントサーベイ」や「360度評価」などをすると、部下たちからの「悪評」が露呈されることもあると言います。

自分がどのくらいやる気を持って業務に取り組めているか？　職場で日常的にどういうことに困っているか？　などが調査項目に入っているわけですが、その回答傾向次第で要するに、上司の「指示が不明瞭」「個人プレーで全然部下のことを考えていない」などのリーダーのマネジメントスタイルに関する声（苦情とも言うべきか）が明るみに出るのです。

すると何が起きるか？

この友人が勤めていた企業のような大きなところは、**「ガバナンス」の効いた会社だからこそ、ときにその天才職人系ベテラン社員（D部長と呼ぶ）が降格したり、マネジメントラインを外されて専門職に異動になるなどの――「適切な対応」がとられる**というのです。

調査して、「よろしくない」という「客観的」な結果が出てしまったのですから、ある意味当然とも言えるかもしれません。

しかしその「適切な対応」の結果として、その組織から天才型D部長は追われ、「お利口」なマネジャーが充当されたとします。すると組織の業績がよくなるかというと……パッとしないことが少なくない。

先の友人に言わせると、「もう二度とあの人がいた頃のものは生まれないんだろうなぁってみんな思ってるんだよね」と話すのです。


D部長の今はというと、手腕は知られたところでありながら、その後転職することもなく、50代半ばで早くも隠居状態だと風の便りに聞くそう。

勤続30年余り、名だたる功績も残しながら、最終的には匿名の部下投票のようなもので、その座を追われたD部長。自分から口にするかどうかは別として、内心は「傷ついた」ところはあるでしょう。

「誰得」の調査なのか

「皮肉だよね。敏腕上司Dさんにやり込められて、『自分たちは傷ついたんだ』と訴えたら、Dさんの首が飛んだ。Dさんも『傷ついた』はずだよ。そしてその後あてこまれたE部長も……追われるのは時間の問題ってくらいやりにくそうにしている」

加えて、部全体としては目立った業績もなく、社内の視線は厳しさを増すばかり。自分たちの職場の快適さを求めたら、これだ。

「『つらいんですけど』とか言っちゃだめだったのかな、って社員は思うよね。まわりまわって、自分たちの部門全体の首を絞めることもあるんだなぁって。我慢しないと、ゆっくりと自分たちを『傷つけ』ていることになるのかどうなのか……。いやぁ、何が正しいのかわかんないけど、仕事ってほんと、渦巻く感情でできてるよね」

と、深刻というわけでもなく笑って話すのは、彼女が既にその業界を離れているからだということは付言します。

感情でできているのに、感情の話は表向きは「なかったこと」にされたり、異動や再編などでわかりやすく「処理」されたりする。だからといって問題が消え去ったわけでもない……まったく、ヘンな場所です。

どういう道が本来あったはずか？　について思うところがありますが、それについては、

第3章で詳しく解説します。

ちなみにこうしたエンゲージメントサーベイと呼ばれる職場の意識調査も、先のストレスチェック同様に、好意的、効果的だと受け止める社員は少数のようです。

ある民間人事コンサルティング会社の調べによると、6割超の社員が、回答したところで「何に生かされているかわからない」と回答し、半数近くが、やったところで「解決策が実施されていない」と指摘しています。[10]

私も、もろにこの業界にいたので、よくわかるのですが……「職場の健康診断をしましょう!」「組織変革は組織風土を可視化することからです!」と声高に叫ばれ、なんとなくその気になるのが世の常ではありますが、いざそのストレスチェック事業会社や人事コンサルティング会社の提案どおりに調査を実施し、回答が集まったところで、

……**「で?」**(何をどうするの?)

エンゲージメントサーベイについての意識調査

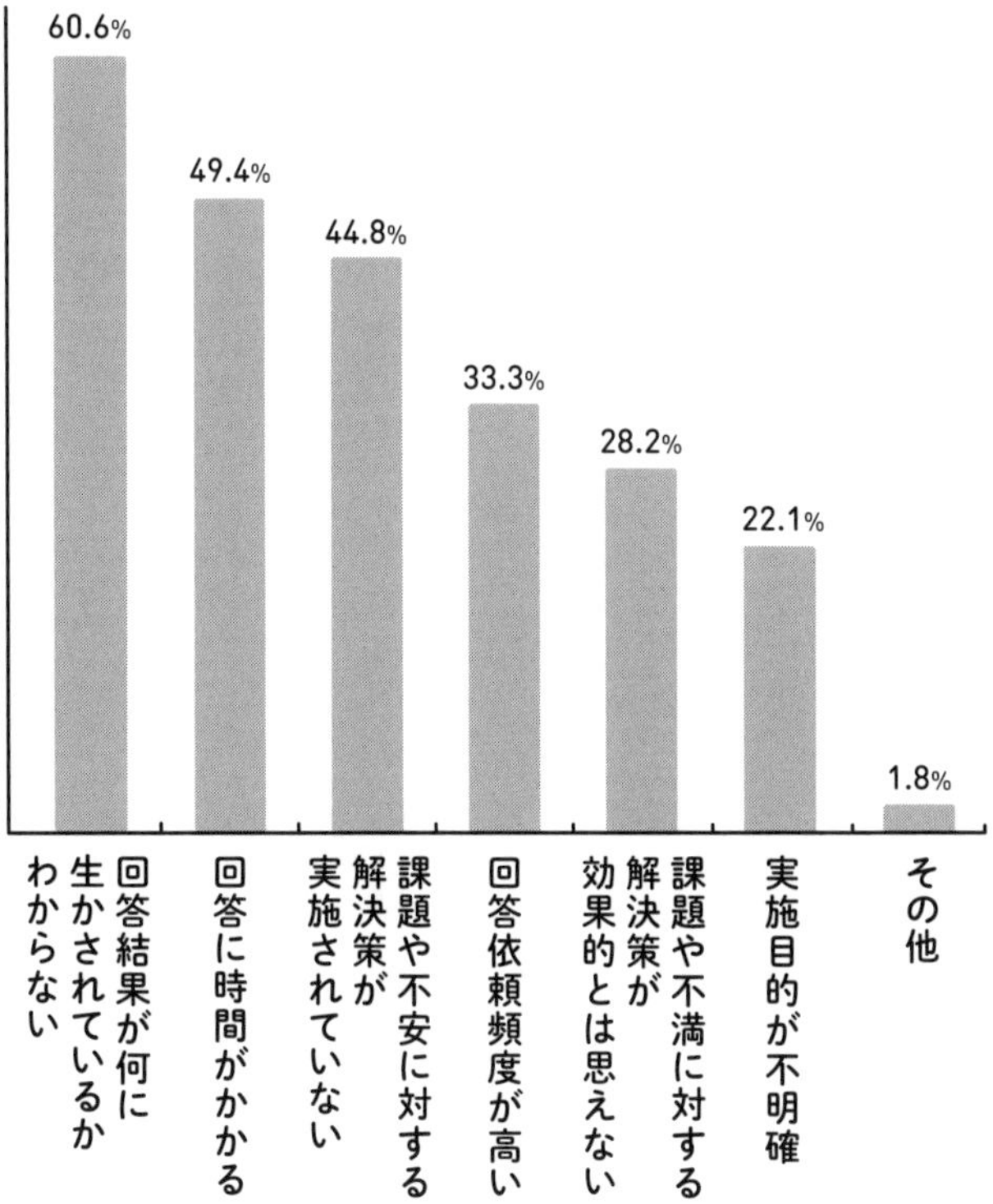

エンゲージメントサーベイの活用について
不満を持つ社員は多い

うやむやなケースはご想像のとおり、少なくありません。一瞬、「職場の傷つき」が吸い上げられ、事態の改善にはじめてメスが入れられるかも⁉と期待に胸高鳴るのですが。繰り返しになりますが、

・個人情報は明かせないから
・個人的な感情論（気の持ちよう）にはエビデンスがないと動けないから
・それらの感情処理を含めて、こんな回答をする人の「能力（ＥＱなど）」の問題だから

などと理由をつけて、封印されるきらいがあるのです。封印というか、どう処理していいかわからない、と言っておきましょうか。

いずれにせよせっかく「職場の傷つき」を表明できる兆しが見えたとて、それはパンドラの箱とばかりに、集めておいて誰も開けられなかったりする——「職場の傷つき」は正当な理由をつけて、どうも反故《ほご》にされてしまうのです。

❖　❖　❖

さて、ここまで、職場で絶えずちらつく「傷つき」の数々について述べてきました。

え？　あの非道な左遷を受けて裁判まで起こす勇気も、名だたる企業の不祥事も、「職場の傷つき」なの？　と意外に思ったかもしれません。しかし私は、**人が人を一方的に見立てること（評価）、ろくに相談もさせてもらえず、目線合わせができぬまま仕事をさせられること――これらは「職場の傷つき」だと考えています。**

ちなみにこのような話は、社会人として会社に入るはるか前から、その片鱗は十分に見えていたことでもあります。

3 就活で「傷つく」

たとえば、就活。この学校から職場への入口は、「傷つき」の宝庫であり、それと同時に、「傷ついた」とは言えない事例の宝庫でもあります。この章のしめくくりとして見ておきましょう。

CASE3

❖ 20歳・大学生　Fさんの場合

就活はゲームだということくらい心得ているつもり。でも、けっこう食らう。この世は実力主義！　自分次第！　なんて聞くけど、たかが企業説明会すら、自分次第どころではない。予約サイトに「満席」の表示だけが躍り、予約すら許されないのだ。

社会ってこんなところなの⁉　恐る恐る、難関大の1つであるW大の友人と実験してみたら、もっと心えぐられた。スタバでPCを並べて、「せーの!」で説明会予約をしようとしたのだ。友達のほうが私より驚いていたかも。目を白黒させながら、

「え!　本気?　まってまって、ガチでそっちはオール『満席』じゃん。エグッ」

私も「マジ世知辛いんだけどー」と笑ったが、カフェでそうする以外の選択肢はなかった。なんか、受験より、つらいかも。受験でテストすら受けられないなんてことなかったのに……。「勉強なんて社会に出たら……」なんていよいよ言えなくなった。ヤバい。

❖　❖　❖

Fラン大学の悲壮感

「まじか～」と、そこまで応えていないふりをしようとも、これはふつうに痺《しび》れます。

かつて、「ふぞろいの林檎たち」という、山田太一脚本の名ドラマがあったのをご存知でしょうか。1980年代～90年代の「学歴社会」のヒエラルキーをリアルに描写したものだと称されたのですが、そこでの就活の一場面は、当時の「学歴社会あるある」とされていました。

もちろんアナログ就活時代ですから、予約受付を裏でコントロールはできません。だからこんな場面が出てきます――「今から申し上げる大学の方は別室に移動してください。東京大学、一橋大学、慶応経済、早稲田政経……」と企業の人事風の人がアナウンスするのです。これは現代の感覚からして、エグい。主人公たちはいわゆる「Fラン」大学の若者なのですが、時任三郎演じる岩田が、たじろぐ友人・西寺（柳沢慎吾）にこう諭すのも印象的でした。「胸張ってりゃいい」と。

何事もなければ、わざわざ「胸を張る」必要すらないわけで、裏を返せば、**胸を張っていないと身体が縮こまってしまうような事態が、就活という学校から労働へのイニシエーション**と言えます。虚勢を張らないと切り抜けられないほどの虚しさ、悲壮感が漂っていたことは推察にたやすいわけです。

さてここで考えたい（問題提起しておきたい）そもそも論が、2つあります。

1 そもそもなんで学歴（学校歴を含む）は、過去の話なのに、仕事という未来の話の決定権があるのか？

2 そもそもどう見ても理不尽なのに、学生はなぜ「就活で傷ついた……社会は狂ってる！」と言えないのでしょうか？

という点です。

これは、壮大な社会的構造の問題があります。

「通過儀礼」としての就活

ゆえに、第2章で述べていきますが、ここでは簡単に予告をしておきましょう。

1は、企業も「職業的レリバンス」と呼ばれる研究（大学の難易度と、仕事を滞りなく遂行することとは、どう関連しているのか？を明らかにする研究）をする学問側も双方で、ある事情から、問題を指摘しきれていないことが大きく関係していると私は見ています。言ってしまえば、〝仕事の遂行を完全に予見するために、本当はどの情報が必要なのか？〟が、よくわからないままなのです。

また、2については、メンバーシップ型雇用前提の新卒一括採用というシステムの影響が多大と考えます。その波を逃すと、正規雇用に乗れない。**文句を言ったり、泣いたりしている暇があれば、就活で「勝てば」いいだけ。**そんなことで戦ったらそれこそ「負け」、という話に合理性の軍配が上がるのです。

そうして、学歴が未来の仕事のパフォーマンスを予見する意味では、雑音か定かではないまま、今日も元気に企業や就活サイトは、「学歴フィルター」機能を裏で活用しつつ、学生に「社会の厳しさ」を見せつけています。また学生側も、嘆いても仕方のない、社会の掟として、傷つこうが涙を飲んで、就活という「儀式」を通過していく――問うてはいけない「通過儀礼」としての就活が見えてきます。

内実がかなり怪しいものなのに、それを問う暇もなければ、事実上の権利もない。そんなよくわからないものに生殺与奪権を握られる。

これはディストピア（反理想郷、ないしは地獄絵図）そのものです。心を削るのに、そんな弱音の1つも吐くような真似は、「豆腐メンタル」のダメ就活生の烙印が押されるなんて、傷つかないわけがないのです。

また、別の例もあります。次も採用スクリーニング（選抜）に関する逸話です。

「プラチナ住所」を知っていますか?

とある企業の採用をコンサルタントとして支援したときのこと。

先の学生の話のように、就活サイトの管理画面で、どの大学ランクまでメール配信に入れるかどうかや、そもそも説明会の予約枠をどの範囲まで持たせるか、なども一緒に考え、実際に画面を見て、操作することもあったくらい、入り込んで支援をさせていただいていました。

そこで**これでもか!というくらいの、「学歴不問」という名のフィクション**、学歴/能力主義社会のイニシエーションを見るに至ったわけですが、「傷つき」という文脈で、どうしても振り返りたい事例があります。

日本最高峰の大学の1つの学生2名(ともに理系の院生でした)が、ある超有名企業の選考にきた際の話。もちろん「学歴フィルター」を突破し、面接に臨んだわけですが、ひとりは合格、もうひとりは不合格となりました。

実は、合格した側も不合格になりそうでした。どういうことかというと、採用責任者であるその会社の部長が、不合格を出す前に再確認のためエントリーシートを眺め直していたところ、

「プラチナ住所、気づかなかった？」

と新卒採用業務に携わっていたその場の全員に問いかけたことで、いわば敗者復活したのです。どういうことか？

プラチナ住所？白金台？　など初耳だと思いますが、この場で使われた「プラチナ住所」とは、都心の超のつく地価の高い一等地にそびえたつタワマンの住所を、「帰省中住所」という欄に書いてあったことを指していました。部長は「成功者の御子息」という言い方で、「落としちゃダメだよ〜。面接に呼ぼうよ」と皆に触れ込んだのでした。

対して、不合格が確定した側はどんな背景があったのでしょうか。ひとり親家庭出身の塾にも行ったことのない猛者《もさ》だったのですが、その部長の、

「カルチャーフィットが弱い」
「うちっぽくない」
「『チャーム』がない」
「育ててあげたいという気がしない」

の一声で、あっけなく不合格となりました。

ちなみに「カルチャーフィット」とは、その組織文化への適合性を指しているようですが、文化への適合性とはつまり、なじみやすさ、親しみやすさであり、好き嫌いを土台にした相性と言い換えてもよいと私は考えます。「うちっぽくない」とほぼ同義です。また、「チャーム」とは、ずばり「かわいげ」です……。**従順とか、素直とか、要は「扱いやすさ」とも換言できそうですが、かわいいやつなら育ててやる、という非常に乱暴な話を恥ずかしげもなくしている、**ということになるわけです。

「カルチャーフィット」「チャーム」という正義

これはそう単純に何が正しい・正しくないでは語れません。言語表現を超えた何かを見破り、決定したことかもしれないし、その企業に入ることが人生の誉《ほま》れでもないのだとしたら、なんとも外野が言い様のない事象です。

ただ私は、躊躇《ためら》いもなく、「カルチャーフィット」だの「チャーム」だのというそれっぽいことばで、好き嫌いにも近そうなことが判断され、本人はおろか、採用関係者の中でもそれに異議を示すことが難しかった、という事実に無力感と違和感をいまだに覚えます。

せめて私も、「プラチナ住所」ということばに圧倒されていないで、「成功者の御子息を採用すると、あとあと活躍しやすいなど、依拠すべきご経験がおありなんですね？　後学のためにお聞かせください」くらい、その部長に尋ねてもよかったでしょう。

採用で肝要なのは、差別なく、双方にとって相性のよさを見極め合う機会が作れているか否か、ですから。

不合格となった、反骨精神のあるタイプの彼とはその後話していないので、どう思ったのかはわかりません。でも、面接である程度の手ごたえもあったから、「育ててもらった人や社会に恩返しがしたい」と熱く語ったのだと思うと、

「結局こういうことか……」

とがっかりした、もっと言えば、「傷ついた」のはまず間違いないのではないでしょうか。きっとどこかで活躍していることと想像しますが。

❖　❖　❖

敗者に口なし

就活の「傷つき」の事例を改めて見てみると、「選ばれる（選抜される）」よろこびと、「選ばれない」悲しみと、実に悲喜こもごもの様相だとも言えます。

将来の大事なことについて、選抜の基準がよくわからないまま、選ばれたり、選ばれなかったり。つまり、解せないことが起きている。そんなことがあれば誰しも、混乱したり、落ち込んだり、心揺らぐものではないでしょうか。

しかし、いくら「傷ついた」としても、選ばれなかった側に、発言権はありません。仮に発言したところで、「負け犬の遠吠え」「ルサンチマン（ねたみ）」「だからできないやつなんだよ」くらいの返り血を浴びてしまいそうです。

基準がどうであろうが、選抜の決定権を持つ側に生殺与奪の権は握られているのです。

となると、傷口はそのままに、とりあえず前を向くしかないという状況なわけですが、これを二重の「傷つき」と呼ばずして、なんと呼びましょう。

何をどう努力すれば、確実に就職できるのか。神のみぞ知るような状態で、そんな不透明で不公平な社会をも、強く、しなやかに、生きていけと叱咤激励という名の放置が許されてしまう。はっきり言って……、

「傷つき」ます。

私とて、だいぶ前に過ぎたことですが、いまも古傷が、寒い日には特に疼《うず》きます。

「このおばさんやるねぇ」のいやな感じ

ところ変わって、政治も、「傷つき」には事欠かないフィールドです。自民党の麻生太郎副総裁が地元福岡県芦屋町で講演した際のこと。覚えているでしょうか？　ここにも、なきものとされた「職場の傷つき」が埋もれています。

「そんなに美しい方とは言わんけれども、堂々と話をして、英語できちんと話をし、外交官の手を借りずに自分でどんどん、会うべき人に予約を取っちゃう」

「俺たちから見てても、このおばさんやるねえと思った」

などと言及したことが２０２４年頭に世間を騒がせました。

さらにはこれに対して、明らかに上から目線でディスられた女性大臣本人側が、「ありがたく受け止める」[11]と発言したから、ざわつきをますます大きくしたと言わざるを得ないでしょう。

麻生氏の発言の問題点は多々発信されており、本人もその後撤回表明したのでここでは割愛しますが、「職場の傷つき」という観点で上川外相の対応を眺め直すに、やはり自然な反応ではないように見えます。

聴衆の面前で、見た目を勝手に描写され、「やるじゃねぇか」的な尊大なおちょくりに遭う。輪をかけて、それをなんでもないことのようにやりすごさねばならない——上川外相にはひとことこう言ってほしかった

——「傷つきます。不適切です」と。

しかし現実には、彼女は「流す」という「**大人な対応**」を選んだのでした。

気持ちはわからんでもありません。私も組織にいて、同じ目にもし遭ったとしたら……

正直言って難しいところです。ご本人は、論旨全体としては、手腕を買ってもらっているわけだし、穏便に行くほうが「得」と判断したことは、ある種現実的な算段と言えるからです。

しかし結果的には、「水に流す」「大人の対応」風のものを見せたことで、**「こうやって大御所から言及してもらっておいて、それに対していちいち傷ついただの、怒ったりしているとは偉くなれないよ?」**というメッセージになってしまったことも事実かもしれません。

次の事例も、少し前の話ですが思い出してしまいました。

「女のヒステリー」とあざ笑う権力者

かつて安倍《あべ》総理（当時）が山尾志桜里《やまおしおり》議員（当時）に発した、とある牽制《けんせい》をご存知でしょうか。[12] 2017年2月17日の衆議院予算委員会の、山尾議員が待機児童問題の件で、総理へ質疑した際のやりとりのことです。

簡単に振り返ると、山尾氏は、当時の安倍総理の論点ずらしや待機児童ゼロに向けた目標設定のうやむやさを国会質疑で指摘していました。対する安倍総理は決してにこにこではなく、にやにやといった余裕の表情で、こう一蹴したのです。

「そんなに興奮しないでください」

……出ました。「なにそんな怒ってるの？」は二次感情としての他者の怒りを諫《いさ》める常套句です。先のとおり、こんな国会質疑の場で、怒ろうと思って怒っている人はそういないわけですが、のらりくらりとした、真剣味にかける相手の応答に異議を申し立てる道中で、ヒートアップしていることは見て取れます。

さらにはまわりの男性政治家の笑い声も、追い討ちをかけたと想像します。

ヒートアップ、つまりは怒りの何歩も手前で、蔑《ないがし》ろに扱われたことへの「傷つき」が想像されるのです。どう考えてもバカにされてますもん。「おばさん」とわざわざ呼ばれるのも、じゃじゃ馬をなだめるかのごとく「興奮するな」なんて笑いながら国会という舞台で言われるのも。こうした隠された「傷つき」は、日本の政治というゴリゴリの権威性の圧力釜においては特段に、散見されると言えるでしょう。

「怒らない人」になれ？

ちなみに、**怒る側を揶揄《やゆ》する向きというのは、個人の「メンタルヘルス」を大切にする人も、案外無自覚に行いがちです。**「アンガーマネジメント」ブーム[13]はその最たる例だと思います。傷つけ、怒らせる側はおとがめなく、受け手の「力量」の問題だけにしていいのでしょうか。

メンタルヘルス系SNS発信で210万人を超えるフォロワーを誇るTeststerone氏もこんなことを言っています（2024年2月16日Xより）。

怒らない人は優しいんじゃなくて他人に期待してない人。期待してないから失望する事もなく怒りも発生しない。彼、彼女らは全ての失望が期待から生まれる事を知ってるし、他人は絶対にコントロールできないので期待が全て叶えられる事なんてない事も知っている。期待するのやめると精神落ち着きますよ。

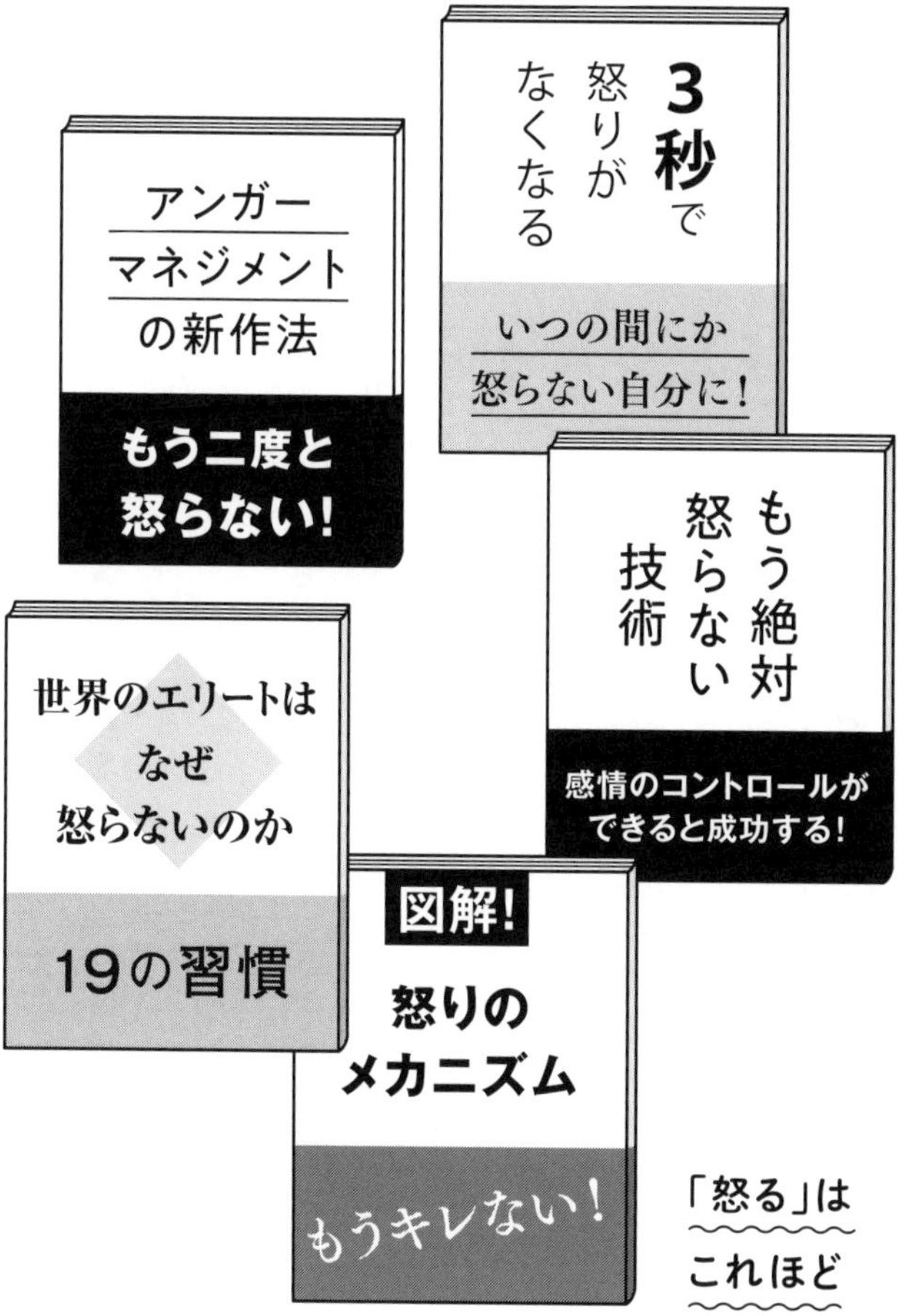
3秒で
怒りが
なくなる
いつの間にか
怒らない自分に！
アンガー
マネジメント
の新作法
もう二度と
怒らない！
もう絶対
怒らない
技術
感情のコントロールが
できると成功する！
世界のエリートは
なぜ
怒らないのか
19の習慣
図解！
怒りの
メカニズム
もうキレない！

「怒る」は
これほど
忌避されている

怒らない人は他人に絶望した冷徹な人間だって言ってるわけじゃないからね。彼、彼女らは過度な期待をしないし、他人が自分の思い通りになるなんて思ってないからメンタルが安定してるって話ね。

他人に期待するな、期待するから腹が立つのだ、というロジックですが、期待しないで回せる組織は、なかなかありません。どんな場面を彼は想像しているのか知りたく思います。「怒るな」の次は「他人に期待するな」と言われて、〝ほうほうそうか〟と仏の心をもって実行できる人がいたら教えてほしいくらいです。

寄り添っていそうで、影響力のある人からも無理ゲーをさらりと強いられる社会ともいえます。「傷つき」ませんか。

誰かの問題は、組織の問題

というわけで、ここまで、しつこいくらいに、「職場での傷つき」の事例を、なぜ傷つくのかも含めて、見てきました。日常的な職場での「評価・処遇」においてや、日常的な職場の出来事において、形骸化したストレスチェックなどの組織診断においてや、就活に至るまで、整理してきたわけです。

今、現場にいる張本人たちから「職場で傷ついた」との声は聞かれないかもしれません。先の話も、辞めた人からの俯瞰《ふかん》したエピソードでした。しかし、ある程度、明確に「しんどい」状況であり、そこには「傷つき」がともなっていたはずであろうことを示してきました。

「職場で傷ついた」

となかなか口にできなかったわけです。仮に口にしても、まだまだ苦虫を噛み潰したような表情がみてとれるような、そんな職場を見てきました。

さてここからいよいよ、なぜこうも「職場で傷ついた」がタブーであるかのような扱いをされるに至ったのか？ そのメカニズムを分析・言語化してまいります。最初にお伝えしたとおり、「傷つき」というのは放っておいてよくなるものではありませんから。

今、組織にほころびが見えていて、それへのソリューションらしきものも千万無量に存在するものの、よくなっているような、なっていないような感じなのだとしたら。「なきものとされている」ものに、ヒントは案外秘められていそうに思わないでしょうか？

第2章

「職場で傷つく」と言えない・言わせないメカニズム

さてここまで、「職場の傷つき」自体がいかに、そこかしこに存在していることを眺めてきました。

ここからは、なぜこれほど誰しも1つや2つ、3つ4つ……となじみ深い経験があるだろうに、なきものとされたり、**「ハラスメント」のようなことばで、わざわざラベルが貼られ、「ハラスメント」でないなら大丈夫！とばかりに一般化を逃れているのか、**を考えてみたく思います。

みなさんの中にはどんな仮説が浮かんでいるでしょうか？

私は次の3つのステップが、「職場で傷つく」と思いもしない・思いたくない・ましてや言えない社会を、生み出していると考えます。

---

1 問題の個人化により、「職場の傷つきなんて個人的なことだよね」と軽んじられる

2 個人的な中でも「能力(資質)」の問題だと追い討ちをかけられる

3 さらに中でも「コミュ力」の問題とすることにより、とどめを刺される

いったい、どういうことでしょうか？

1

「個人の問題」にする

──なぜ「職場で傷つきなんて」と言われるのか

冒頭から挙げてきた事例の数々。これについて、「あーわかる」「ひどい」「自分だったらキツいわ」などと目をそむけたくなったことと思いますが、はなから、

〝なるほど。これは職場や社会の構造的な課題を、個人が負わされることによる「傷つき」なのだ〟

なんて思った方は、おそらくひとりもいらっしゃらないことでしょう。

残念すぎる・かわいそう……な事例でしょうが、ある人がこうした状況で「傷ついている」ことはいち個人すらもさして問題にしない、ましてやそのまわりは問題にしないのが現実なわけです。

そこで次のような問いが湧いてきます。

なぜ、「職場の傷つき」は組織において、些末《さまつ》な問題だと軽んじられてしまうのか。

もっと言えば、

職場で問題とされ、あぁでもないこうでもないと議論されるのは（逆に）どういうことか？

という問いが浮かびます。ここから掘り下げてみましょうか。

正統な？　職場の「問題」

まず、組織の存続を揺るがす事態については、当然問題視されるでしょう。組織の存続を揺るがすとは、たとえば、売上げがガタガタに落ち、赤字が膨れ上がっていたり、従業員の離職が相次ぎ、人員が足りず、運営がままならない……などのことです。

もしくは、どこかの大企業の話ではないですが、世間の信頼を失墜させるような重大な法令違反行為があった……なども、看過され得ない重大な事案になります。

中でも売上げは、経営体としての企業を思えば、当然のことながら「問題」です。何かしら課題解決が図られるのは間違いありません。

たとえば、世界的に有名な経営戦略コンサルティング会社であるマッキンゼー・アンド・カンパニーが開発した「**マッキンゼーの7S《セブンエス》**」のようなフレームワークを使って事態を整理してみます。

業績に影響度が高く、足を引っ張っているのはどこなのか？　戦略なのか？　組織体制の問題か？　商品か？　などなど、組織を形作る要素のうち、どこがマズそうか、分析・検討が図られるのです。

単独で「ここが問題」というような話はなく、多くは掛け算的、つまり複合的なので、打ち手をリソース配分とあわせて検討していくわけですが、本書は企業の立て直しの指南本ではありません。

マッキンゼーの7S

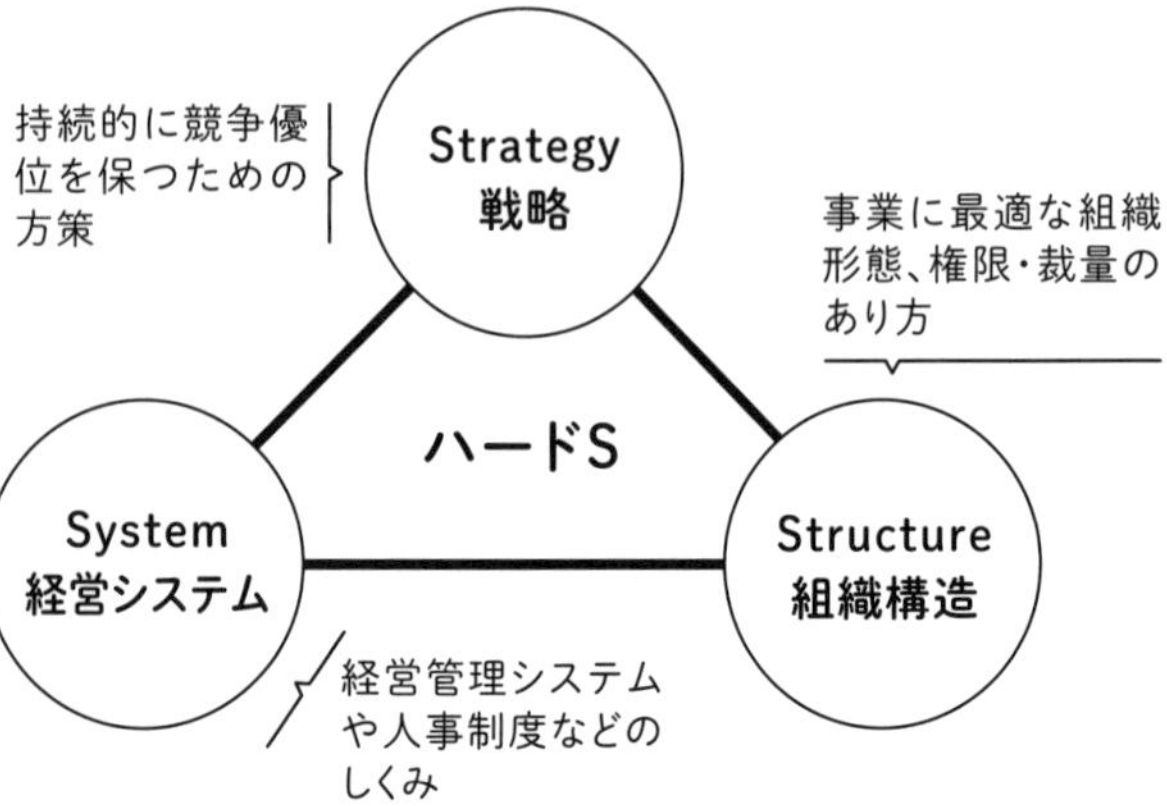

持続的に競争優位を保つための方策
Strategy
戦略
事業に最適な組織形態、権限・裁量のあり方
ハードS
System
経営システム
Structure
組織構造
経営管理システムや人事制度などのしくみ

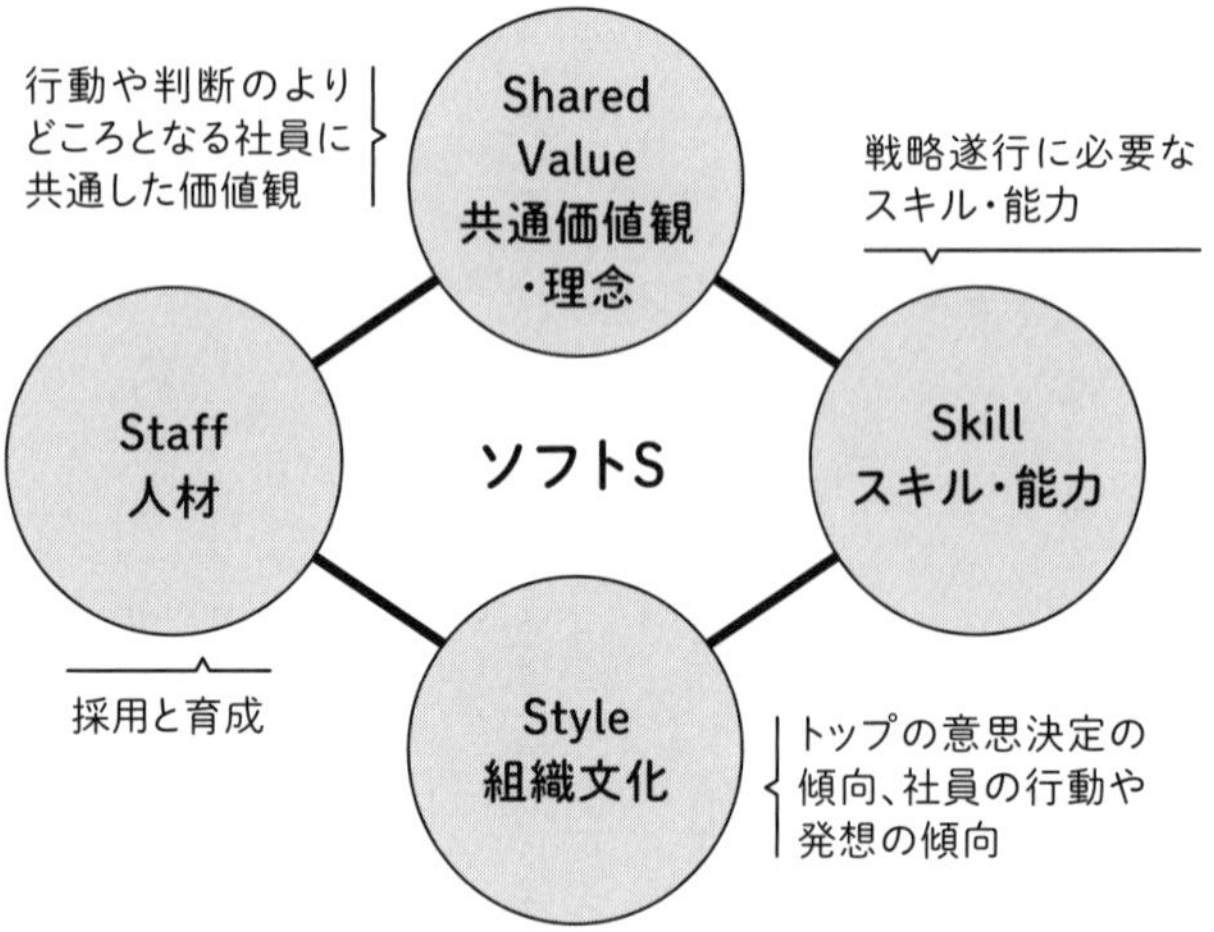

行動や判断のよりどころとなる社員に共通した価値観
Shared Value
共通価値観・理念
戦略遂行に必要なスキル・能力
Staff
人材
ソフトS
Skill
スキル・能力
採用と育成
Style
組織文化
トップの意思決定の傾向、社員の行動や発想の傾向

よって、この辺りの詳細についてはここで止めておきますが、要するに、「売上げが落ちている」というファクトがあれば当然、組織の存続を憂いて何かしら手は打つ。とにもかくにも、「問題視」は必須なのです。

「職場の傷つき」なんて個人的なこと

他方で、第1章でみてきたような、「傷つき」の身近な例――評価、日常的な職場でのやりとり、就活……などは、どうでしょうか。〈組織の存続を揺るがす事態〉と大手を振って言う人はいそうでしょうか。むしろ、それらはこう言われないでしょうか?

――個人的なこと

と。組織を揺るがす問題ではなく、ごく限られた範囲の「個人的なこと」と思われそうな雰囲気が……ありますよね。

よほどのことがない限り、組織の喫緊の課題に「個人的なこと」は入ってきません。ま

ある社会システム
(しくみ:たとえば資本主義、能力主義など……)

トクをするのは誰か?

口を塞《ふさ》がれるのは誰か?

してや、もう部下がつけどつけど辞めてしまって、部署がからっぽになる!くらいのパンチの利いた、災害級の事態に見舞われない限り、「職場の傷つき」なんてものは、議論の俎上にあがることもなく、さして問題視もされないわけです。

「個人的なこと」となってしまう「職場の傷つき」。

次に着目したいのは、「職場の傷つき」が「個人的なこと」だとすることは、誰にとってどんないいことがあるのか、です。

妙な問いに聞こえるかもしれません。しかし社会学では、現状に対して、「誰目線の、どんな意図が入り込んで、現状システムができているのか？」と考えることは視座の基本であり、社会・組織を眺め直す際には不可欠な問いです。

ある社会システム（しくみ）によって、

✓ 得をするのは誰か？

✓ 口を塞がれるのは誰か？

これを表層に惑わされることなく、深掘りしていくことは本書に通底する目線と言うべきかもしれませんね。

個人的なこと＝気の毒だけど自分でなんとかすべきこと

さて、誰にとってどんないいことがあるのか……で、まず思いつくのは、会社側です。

会社側が「傷ついた社員」を仮に見出したとしても、「個人的なこと」としておけるのは大変好都合だと考えます。

なぜならば、「どうこうする義理も責任もない」ということになるからです。会社組織の喫緊の課題として、効果の高いことを効率的に直ちに実行せねば！と、奔走する義務から逃れることができるではないですか。またこれは、今、順風満帆の社員にとっても、誰が「職場で傷ついた」かどうかなんてのは、「個人的なこと」と思えたほうがすっきりして好都合です。

自分には関係のない、一部の人に起きていること、かわいそうに。そのくらいで目の前の自分の仕事に集中できたら、それがいいのでしょう。会社側、体制側（有力者側）にとって通りのよい論理なわけです。

ちなみに、「はじめに」で厚労省が働く人に向けて実施した調査結果の一部を提示しましたが、「強い不安～を感じている」と質問して8割以上の人がＹＥＳと回答する――この「強い（不安）」と自称するのはけっこうな状況だと思います。

わかりやすく組織の「業績」や「生産性」などで危機感を示されるでもなく、あくまで社員個人の話に見えること、かつその状況を数字で表されることもなければ、組織の課題として認識されようがありません。

この危機感を持ちにくい状況こそが実は後々、業績や生産性などといった重大な組織課題の萌芽になっているのですが。

「どうにかする」が、できる人とできない人

さてこの、「職場の傷つき」を「個人的なこと」と認識すること。つまり、組織側の直接的な因果は背負わず、個人でどうにかする・すべき……と問題設定していくこと。

これは何か大きな、より深いところで、社会的に暗黙のうちに合意された価値観があってはじめて成り立っているように私は思えるのですが、いかがでしょうか？　それこそ、

——**「能力主義」の存在です。**

いよいよ出たな、能力主義という感じですが、これが「職場の傷つき」という概念が

「組織の問題」と距離をとりつづけていられる、無関係なそぶりを貫き通せる所以《ゆえん》であると考えているのです。

ちなみに「能力主義」ということば。ある程度聞き慣れたものかと思いますが、その意味をおさらいしておきましょう。

「能力主義」とは、この世の限りある資源（リソース）を納得性高く配分することで、安定的な社会統治を可能にするための原理原則です。たとえば同じ「主義」でも身分主義と言えば、生まれ（出自）によって、もらい（給与などの報酬・取り分）が決まる社会でした。本人がどうすることもできません。どうあがいても、いかなる人物であっても、農民の子は農民へ、武士の子は武士になった時代の話です。

それから身分制が廃止され……家柄で決めることができたものが決められなくなりました。では、何を分け合いの原理・論理にすえるとよさそうか。

そこで体制側が目をつけたのが、**個人の「能力」をもとに——ある人の「できる・でき**

ない」をもとに「取り分」を決める、という能力主義でした。

平たく言えば、できる人はもらいが多く、できない人はもらいが少なくてもやむを得ない、そういう社会のコンセンサスがある状態です。

その能力主義とは何かをおさえたうえで、「職場の傷つき」について組織側が直接的な因果を背負わず、個人でどうにかする・すべき……と問題設定していくことに話を戻します。

私は次のように考えています。

能力主義こそが、職場で本来はびこっている「傷つく」という事象がなぜか語られず、「ハラスメント」やおとなしい社員の「訴訟」、集団で不正行為に加担するなど、行き過ぎた事象として問題が表出するまで、日々の営みにおける個人個人の感情、特に負の感情には目が行き届かない状況を作り上げている——と。

なぜか。能力主義が浸透した社会における「職場の傷つき」とは、ある状況を自身の思う通りには統制しかねた際に負う心理的負荷、などとも言い換えられるからです。思い通りに統制、制御できるのであれば、「傷つく」とは言えない。

「傷ついた」のは、コントロール〈できなかった〉、つまり、能力・資質・適性の問題で起きてしまっていること、と言えなくないのです。

この「出来・不出来」のところは、非常に重要な論点です。

こう捉えると、どうしたって、「傷つき」を避けることが〈できる〉人と〈できない〉人の存在が懸案になるからです。

差を見つけると、「この差はなぜだろうか？　何が違いを生むのだろうか？」と考えるのが人の性《さが》でしょう。あらゆることに、因果があると思う私たちですから。

そこで白羽の矢が立つのが、**「傷つき」を避けられる・避けられないのは、「能力・資質の差」から起きたとする考え方**なわけです。もっと言えば、「職場で傷つく」なんて感覚は、組織の問題ではなく、個人的なこと。それも、

〈できる人〉なら傷つかない。

傷ついた、とか泣き言をいうのは〈できない人〉。

などと、私たちにまことしやかに突きつけてくるのです。

「傷つき」を認めたら負け

こうした人間観、能力観があってはなかなか、「職場の傷つき」を口外しようと思わないのではないでしょうか。自分自身すらも「傷ついている」と認めないように努めてしまうかもしれません。

なにせ、「できる人はもらいが多い」――この能力主義の大原則を前提に掲げる職場において、**「うまくいきませんでした」「想定外でした」「だから傷つきました」なんて……うかつなこと、まぬけな自己評価であると、他人の目に映ります。**なにせ、私たちの取り分を決める「能力」の高低は、わかりやすく〈できる〉ことをアピールする必要がありますから。それが「傷つき」が立たされている世界線なのです。

自分はあれをやった、これをやった、その結果、組織にこうこうこういう点で貢献した、と（けっこう無理をしながらも）、期末の目標管理シートに業務の振り返りをしている方も多いのではないでしょうか。

そんな場で、わざわざ、「うまくいかなくて傷つきました」「誤解されているようで傷ついています」なんて自身の評価を下げるような真似をするような人は……いませんよね。

これが**能力論、能力主義に支配された職場において、そうぬけぬけと「傷ついた」などという告白、内省がされない背景の最たるもの**と私は考えています。

そうこうして自分を悪評から守ると同時に、傷ついていそうな他者に対しては、こんなことすら口にしてしまうかもしれないからたちが悪い。身に覚えがないでしょうか？

「まぁでも仕事ができないダメな人だから……しょうがないよね」
「あれで心が折れるなんて、弱すぎ」
「仕事なのに、つらいとか言って、プロと呼べないよね」

組織の問題になる前に、ないしは、個人が加害者／被害者と完全に分かれて逸脱や戦線離脱をする前に、「傷つき」はしかと職場に存在しています。

なのに、「傷つき」に限界がきて離職が相次いだり、傷ついた側がメンタル不調の「診断書」のような限界の証明を出してはじめて、向き合うことが許されるかの様相が「職場の傷つき」にはあると考えるのです。

そしてこの認識が裏を返せば、**「『傷つく』人はそれなりの理由がある……」といった「傷つき」の正当化や、口封じ**（**そんなことを異議申し立てる権利はあなたにない**）**をもたらしているの**ではないでしょうか。

能力主義、おそるべし。

ただ、なぜここまでのことが、可能なのでしょうか？

能力主義とは何か？　もっと言えば、「能力」とは何か？　という議論の礎《いしずえ》から確認し、いかにそれが我々の思考に根を張り、ひいては、仕事での「傷つき」までもが、個人的な「能力」の問題、何なら恥さらしに近しいほどの忌み嫌われる存在になってしまうのか。

解きほぐしてまいりましょう。

2

「問題の能力主義化」という追い討ち
――雲をつかむようなわりに残酷な分断

先にも記しましたが、能力主義とは、社会を納得性高く統治するための原理原則であり、換言すれば、「できる人はもらいが多く、できが悪ければもらいが少なくてもやむを得ない」と社会全体が腑に落ちている状態です。

これはどなたも、大なり小なり、馴染《なじ》みのある社会システムではないでしょうか?

生まれ落ちてから、家庭でも、学校でも、仕事をすればさらに、「出来・不出来」の問題は死活問題です。

なにせそれで取り分が決まるのですから、「能力主義なんて微塵《みじん》も体感したことありません!」という方はおそらくいないのではないかと思います。

能力評価によって、人生が水路づけられる。

どんな学校に合格するか？　どんな仕事に就くか？　そこでどのくらい成果を出せるか？　などなど、有形無形の取り分（報酬）めがけて、私たちは絶えず、他者からの自分の能力に対する評価にさらされています。

がんばった人に「取り分」はいく――という公平性

ちなみにそもそも、なぜ私たちは皆、「他者から自分の能力を評価される」ことになったのでしょうか。

それは、冒頭でさらりと述べたとおり、この世のありとあらゆる生きるための資源が有限だからです。土地、食べ物などプリミティブ（原始的）なもので考えてもいいでしょう。限りあるリソースを分配しながら、社会が統制され、生きながらえている私たち。人生はある意味で「椅子取りゲーム」なのです。

そんな社会で、取り分を決めるロジックというのはいつの時代も、究極の強制力をもつか、納得性をもつか、の二択と言っても過言ではありません。

どこまでいっても、完全、完璧、公平な分け合いの方法は存在しませんから。安定した社会統治のためには、有無を言わせないか、有無がなるべく出ない・ぐうの音も出ないようなロジックを提示するか、の二択なのです。

ちなみに前者は、身分制度が代表的ですね。生まれによって人生が決められるのは、強制の極みです。文句を言っても仕方のない縛りを加えておくという統治法というわけです。

他方で後者の、取り分に差が生まれてもやむを得ない、と多くの人が納得してしかるべき「能力主義」という分配原理は、やはり秀逸です。

生まれなんていう、本人の努力ではどうすることもできないことで、人生を水路づけるなんてひどいじゃないか！　そんな批判に見事に応えていますから。

人ががんばれば変えられることで、「公平・公正な競争」をしようよ、と。それで決めれば、文句なしでしょう？と言わんばかり、というわけです。

さて、口達者に解説してしまいましたが、能力主義が「職場の傷つき」をなかったことにしてしまっているとして、何が問題なのか？　本筋に戻していきましょう。

「能力」という目に見えないもの

能力主義が、「職場の傷つき」をなかったことにする正当な理由かのように見せていますが、その問題は、**「能力」の虚構性**にあると考えています。

そもそもなんぴともこの目で見たことも触ったことも、重みを測ったこともない「能力」を、理由にするにはこころもとなさすぎないか、ということです。

固定的に人の内面に存在した実体もないのに、そんな不確かな幻影を点数化して、他者と比較したうえで序列をつけ、人生を割り振る……そんな「能力」への所作は、現代が生

このような本が出版される日も近い？

あなたの中にある傷つかない力！
職場で傷つかない力
職場で傷つかない力
もう何があっても大丈夫！
toughnessの時代に読むべき一冊
目標意識が高まる！

み出した幻想なのだ、と考えています。

「能力」が確かに存在していて、なんなら**「職場で傷つかない力」**なるものの差異がどうしてもやむを得ないもののならしょうがないものの、「〇〇力」はあまりにもとらえどころがない。

「能力」を公平に測定・比較し、取り分を決めている（選抜している）とさらりと言っても、何をどう測定しているのかは、だい〜ぶブラックボックスなのです。

ブラックボックスなのをいいことに、このような書籍が本屋に行けば相変わらず、平積みされています。

実在しないものが、「人生戦略」だと言われたら、「あの力が今こそ必要」「この力がないとダメ」と謳《うた》った者勝ちな気がするのですが……。

ちなみにこの能力という概念を疑い、社会的につくられた仮構的概念だ、とするのは、私なんかが力説するはるか昔から学問として存在しています。

教育社会学者の先達が連綿と、この能力の社会的構成説、虚構性を説いてきたのです。興味のある方はぜひ、巻末にある参考文献をお読みくださると嬉しく思いますが、ここでは、能力が個人の内側に固定的に存在したものではないことを、まずお伝えしましょう。

では何か？

それは、周囲との関係性次第で揺れ動く、プリズム（キラキラとした多面体。光の反射や屈折の仕方がさまざまであり、変幻自在の意）のようなものだと考えます。

誰と何をどのようにやる環境にいるのか？　それ次第で自身のあり様はいかようにも変幻自在なのです。

つまり、「職場の傷つき」も、「こういう能力があれば傷つかないのに」なんてのは、能力主義的妄想で、**傷ついた個人というのは、その人の「能力」の問題というより、組織の「関係性」に課題がある状態のこと**なのです。本当は。

いかに「能力」は個人に内在した固定的なものではありえないのか？　関係性次第で変化するものであるのか、というのは、職場のあちこちで散見される事象です。初作『「能力」の生きづらさをほぐす』で反響の大きかった事例を簡単にご紹介したいと思います。

質問がしにくい、「自分で考えろ」と言われてしまう組織に新卒入社以来配属された方。超重要クライアントからの指示を理解できなかったものの、これまで質問すると邪険にされた経験から、まさに「自分で考えて」判断し、実行した――ら、とんちんかんすぎる対応となり、クライアントは激怒。始末書案件となり、結局入社2年目で退職することとなった事例です。

もう1つは、組織変革は「尖《とが》り」のある人材を集めてこそ！　と意気込み、「自分で考えて自分で実行したいタイプ」を中途で採用。変革の「台風の目」を担ってほしいと願う企業側と、ぜひそのような触媒になれたらやりがいがありそうだと気合い十分の転職者。しかしいざ転職して、業務につくなり、求められていた「尖り」は結局、「言うことを聞かないやつ」「変革は100年早い」と受け取られることに。変革と程遠いような、議事録作成ですら、真っ赤になるまで赤入れされ、とてもイノベーションどころではなく、わずか1年弱で退職に至った事例もありました（なんのこっちゃわからん！という方はぜひ『「能力」の生きづらさをほぐす』をお読みください！）。

この方々の共通点は、ある職場の環境下では「仕事のできないやつ」として、半ば退職に追い込まれましたが、どちらも次の職場で、「大化け」した点です。

「自分という人間はさして変わってないはずなのに、職場によってこんなに評価がぶれるなんて……」と解せぬ表情のまま。

繰り返しになりますが、ある社員がわかりやすい形で「活躍」できていないとき、そのことを個人の能力の問題に帰結させてしまえるのは、会社側にとっては願ったり叶ったりです。

✓「職場の傷つき」を組織全体の課題とすることなく、特定の「弱い」「できの悪い」個人の問題、と排除の方向に持ち込める

✓ そうならないよう、他の多くの人には、傷ついたなどと言って排斥されないよう無限の努力を強いることができる

のですから。向かうところ敵なしなわけです。

というわけでここまでで、「職場の傷つき」を組織的に扱うべき問題であるとの認識を希薄化し、問題を「個人的なこと」として取るに足らないものとしているのは、能力主義に基づく人間観が多分に影響していることを示してきました。

ここでさらにとどめをさす、言わずと知れた、ある「能力」の存在を指摘しておきましょう。

職場の傷つきを個人の「能力」の問題にすると どんな「いいこと」があるのか？

1　組織の責任回避

組織が責任をもって解決すべき問題にならないですむ。

2　「問題社員」の排除

特定の〈弱い〉〈できの悪い〉社員を「評価・処遇」することで実質的に排除できる。

3　無限に努力する社員の創出

「問題社員」にならずに「活躍」しつづけるためにはがんばらねばならないという認識を植えつけることができる。

3 「コミュニケーション能力」というとどめ

先ほどから、分け合いを決めるロジックとしての能力主義の話をしてきています。「能力」という臓器のような、不変で普遍的・絶対的なものは存在しないはずなのに、「職場の傷つき」も、「出来・不出来」の話に還元され、なかなか極限に達するまで、とりあってもらえません。

そんな不利益なことを、幻の「能力」という概念を盲信して、所与のものとしてしまっていることは、誠にもったいないのだとも話してきました。ただ、私の力説も虚しく、世間では相変わらずの能力信奉が進んでいると言わざるを得ません。残念！

複雑化・あいまい化する「能力」

それどころか、できる人の代名詞である「能力」要請は、次から次へと湧いて出てくる、雨後《うご》の筍《たけのこ》状態です。

1990年頃までは、「能力」を証明する、と言えば、まずは「学力」でした。就活の傷つきのところで触れた、「学歴社会」の様相というのはまさに、「学力」＝決められたテストでいい点がとれることが、個人の「高い能力」の証明だったのです。

「勉強ができる・勉強をがんばれる人なら、仕事もがんばれるだろう」――これくらいのいわば**雑な暗黙の想定に社会全体として合意していた**とも言えます。

専門的に言えば「**訓練可能性**」**としての**「**学歴**」が、「能力」の指標として、就職という分け合いの関門に多大に作用すると説明されてきたわけです。

ただそれは、今のみなさんの感覚からすると、「ん？」と思う点が多いのではないでしょうか。「勉強だけできても『使えない』やつが多いしな」などの声が聞こえてきそうです。

それも一理あるかのごとく、能力論は時代とともに変遷していきます。

それも、「仕事ができる人とはどういう人なのか？」「誰が活躍しているのか？」そんな、漠然としながらも、〈できないよりはできたほうがいいに決まってる〉と恐らく多くの人が思っているであろう概念を、アップデートしながら。

そして、20世紀の終わりが差し迫る頃になるといよいよ、「学力」が求められる能力だった時代は牧歌的だったよね、くらいの言説が影響力を増します。時代は次第に勉強だけできても「ガリ勉」と揶揄《やゆ》され、

「世の中、勉強だけできてもしょうがない。21世紀という未来は、20世紀の延長線上ではない。人として、進化できるものしか生きられない」

といった、新しい時代の新しい「能力」を備えた人間の重用が叫ばれるようになります。

「先の見えない時代の〇〇力」などの聞き覚えのあるかけ声が、その一例です。

自分自身にも当時の記憶が残っているのですが、特に21世紀にさしかかる前後は、「これからの時代」「複雑化する社会」「高度化する社会」……そんなわかるようなわからないことばが社会を描写する際の接頭語になっていました。

精緻《せいち》な議論かどうかはさておき、何やら未知なる21世紀が迫ってきているのなら、今まで通りのことをやっていてもダメそうだ――そんな素朴なロジックがまかり通っていたのです。

すなわちは、これまでの「学力」や「知識偏重型教育」はきっと使いものにならない、と叫ばれ、そこに明確な反論はしがたかったのです。

ちなみにそれは昨今では、教育社会学者によって、あくまでイメージの話であって、**「新しい時代に新しい『能力』が必要」という語り自体が、一種のプロパガンダに過ぎない**ことは言われています（中村２０１８[1]）。

しかし一般的にはいまだに、「VUCA《ブーカ》（Volatility 変動性、Uncertainty 不確実性、Complexity 複雑性、Ambiguity 曖昧性、の頭文字をとった造語。現代社会の予測困難さを表す）の時代にはもっと……」という幻の人材を謳《うた》う言説は後を絶ちません。社会が求める「能力」は変遷の一途を相も変わらずたどっていると言えます。

「学力」で競った時代は、それはそれで容赦《ようしゃ》なく数値化・他者比較・序列化の洗礼を受け、つらかったでしょうが、「新しい時代の新しい『能力』」という、ふわふわしながらも案外「人として」とか、「生き残りをかけた」など強い表現とともに社会から要請されるのも、相当につらいものがあります。

「コミュ力（コミュニケーション能力）」「リーダーシップ」「主体性」などをはじめ、さらには「美意識」や「鋼メンタル」に至るまで、とらえどころのなさそうな精神性にまで「能力」の触手は伸びています。

これが大事、これがないと立派な職業人にはなれない、などと言われたところで、何をどうすれば伸びるのか？　そもそも何をもって「君のコミュ力って、偏差値70レベルだよね」みたいなことになるのか、てんでわからない。

そんなふうに、**「能力」は、ただでさえ仮構的な幻影なのに、輪をかけて複雑化・あいまい化が進み、まるで雲をつかむような話になっている**わけです。こうしたよくわからないものに正当性を持たせて、「職場で傷ついた」と言えないのは……やはりなんだかなぁという気持ちになります。

ブレる「能力」

さらに(まだあるのか!)しんどいのが、**複雑であいまいなその「能力」とやらが、やたらとブレる**、という点です。

「人としてこのくらいできなきゃ」くらいの大口をたたくわりには、その求める「能力」が日和見的であるとは……なんとも徒労感を伴うものであります。確固たる「能力」が求められていたらいいのに、ということではもちろんないのですが。

企業が求める人材像の上位10項目

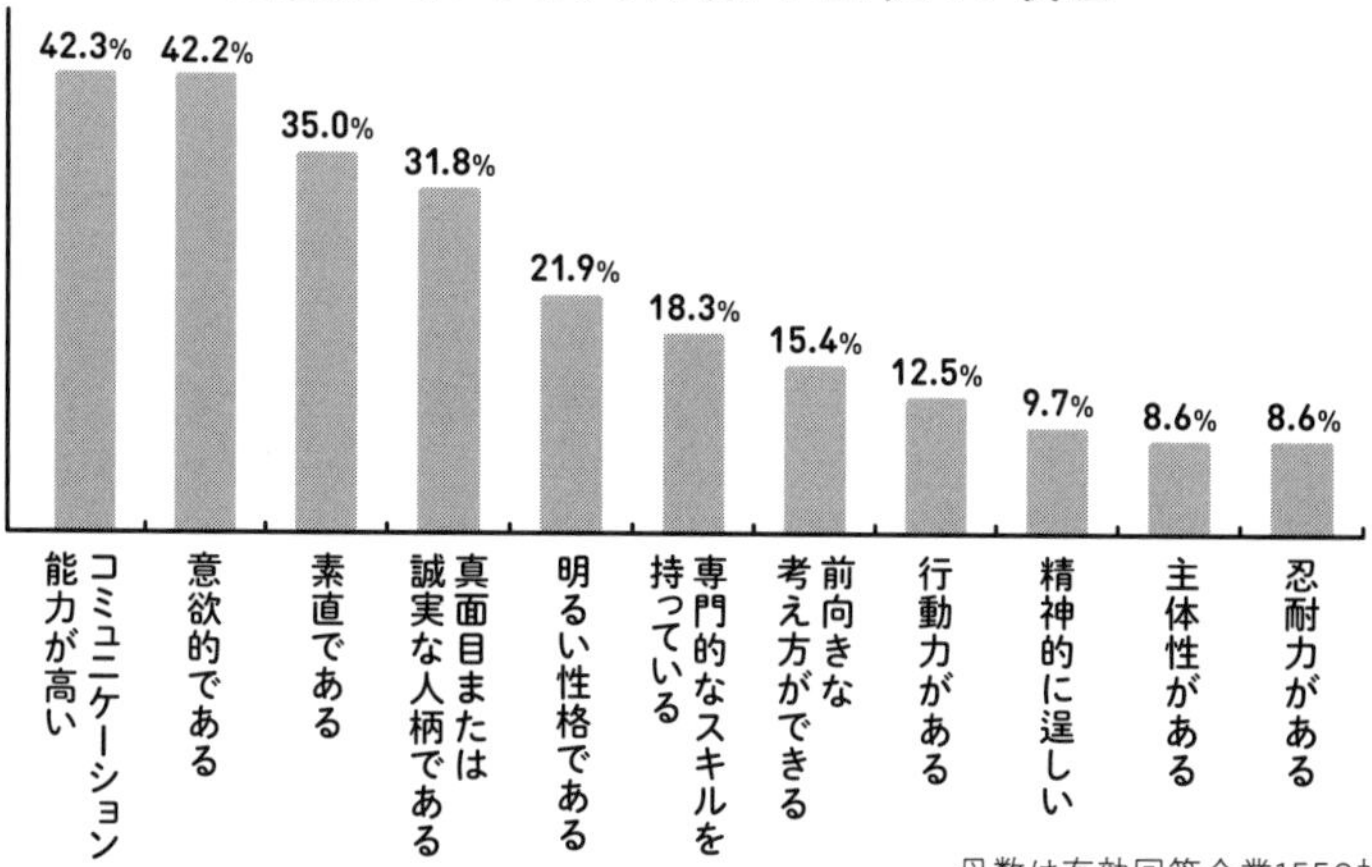

母数は有効回答企業1550社

しばしば語り草となってきた「個性」なんていうのはその一例です。「自分らしさ」「個性」が大切だとされたかと思えば、数年単位で、それらのいわゆる就活で求める能力ランキングのようなものは、しれーっと、方針転換します。

「『協調性』じゃ、これからの時代はだめだ！」と言ったかと思うと、その3、4年後には平気で、「扱いにくすぎました、『個性』的な人材は。そして、やっぱり『協調性』です！」と言わんばかりの、ランキングを出すのです。

上記の、帝国データバンクが2022年秋に公開した「企業が求める人材像」に関する調査結果[2]は大変興味深いものでした。

採用時に重視する要素の上位5項目の推移

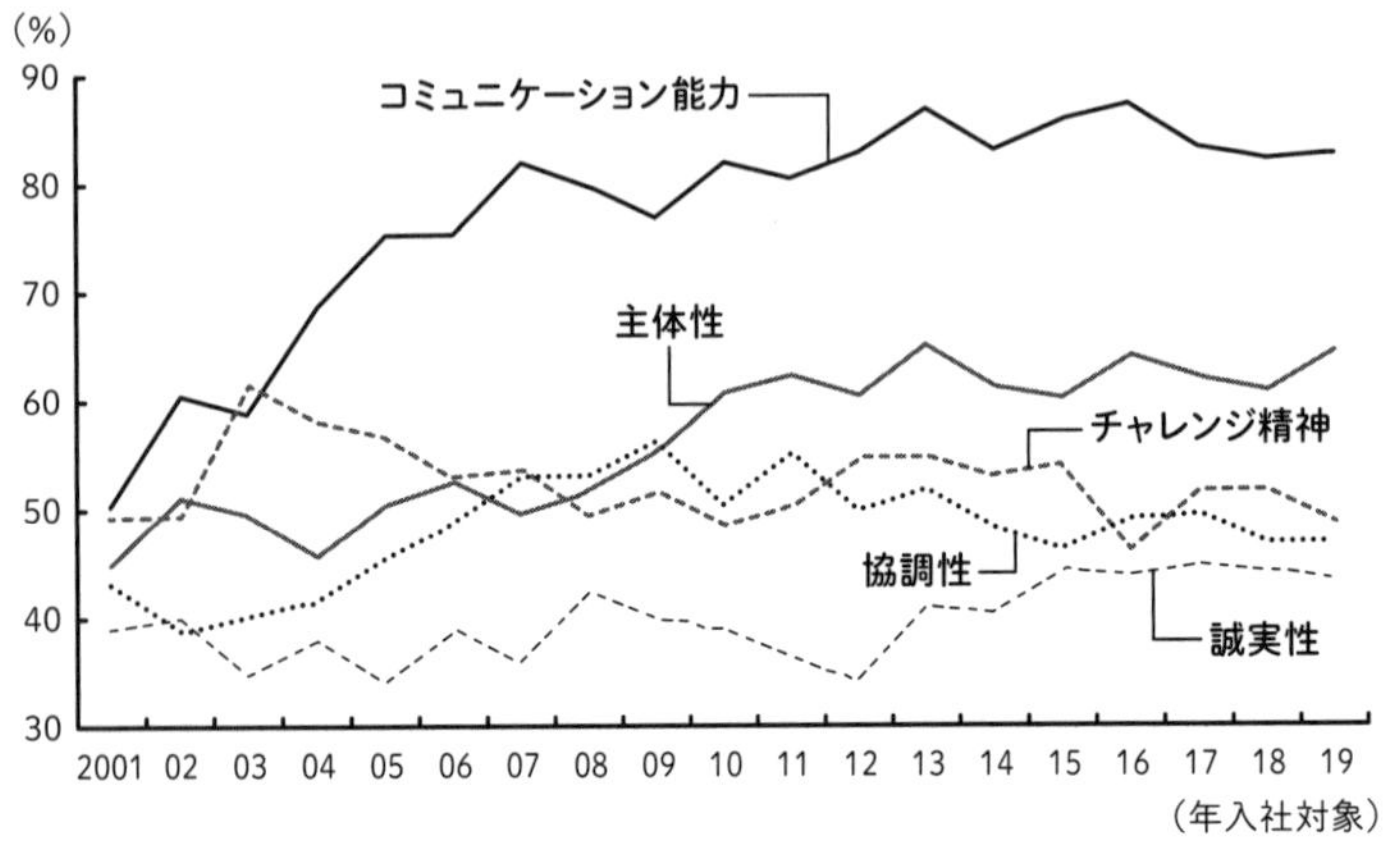

もう1つ、日本経団連が調査した「企業が社員採用時に求める資質」の統計データ推移を見てもおもしろいですが[3]、これらのことと、「職場の傷つき」がどうつながるのか？　話を収束させていきましょう。

このランキングをご覧になって、まず気づくことがないでしょうか？

経団連の調査でも過去約20年にわたって、「コミュ力」は「求める人材像」でも「新卒者に求める能力・資質」ランキングでも1位に君臨し続けているのです。ですが、

恐るべし！「コミュ力」。と言いたいのではありません。

このことが、巧みな「職場で傷つく」と口外させない装置になっていると私は考えます。「職場で傷つく」かどうかは個人次第。それも個人の「能力」――特に、「コミュ力」の問題――というロジックが、実に通りのいいものだからです。

関係性を内包してますけど？――無敵の「コミュ力」

だって、シンプルに考えてみましょう。個人に求める「能力」としての「コミュ力」って、ヘンじゃないですか。

なぜなら、**他者がいてはじめて成り立つのが、「コミュニケーション」**です。個人単体で、良し悪しや序列のある「能力」には本来なり得ない双方向性・文脈依存性をはらんでいるではないですか。

そもそも個人に求めてどうにかなることではないのに、それを知ってか知らずか、ずいぶんと熱烈に「コミュ力」推しが続きます。

そして、**職場環境でなんとかうまくやることを、ざっくりと「コミュ力」なんていう、**

わかるようなわからない個人の「能力」として表し、そこにすべてを背負わせている。

逆を言えば、「職場の傷つき」という本来関係論的な問題も、個人の「コミュ力」の問題にすり替える土俵は整い、皆がうまいことやれるよう組織が配慮することは何ら要請されず、個人だけが「うまくやること」を「コミュ力」として、絶えず求められる。

これはしんどい。でも個人の「能力」の問題だと、先ほどから述べているとおり、自らしんどいのだと声を上げようものなら、こんな応酬が予想されます。

――**「コミュ力」が低い人は「職場で傷つく」のかもしれませんね。まぁ、がんばって。**

他人事感、疎外感。「コミュ力」の要請を盾に、「職場で傷ついた」と言わせない土俵はとどめをさすがごとく完璧に整うのです。

「主体性」のある人材、欲しい？　いらない？

ちなみに、先のランキングに関連して、経団連の調査では「コミュ力」に次いで「主体性」の要請も高水準に推移しています。しかし他方で、帝国データバンクの調査では面白いほど「主体性」は下位に位置しています。2017年調査を見てもほぼ同様の結果です。[4]これは読み込み甲斐のある結果です。

経団連企業が欲する「主体性」と、そこまで欲しがるものでもないという帝国データバンク掲載の企業。なんか臭いませんか。

この「主体性」については、かねてからさまざまな議論が草の根的にはなされてきています。

たとえば、**企業が求める「主体性」とは、「こっちがやってほしいことを単に先読みしてやってくれる力」**という、企業にとって非常に都合のいいものになり下がっているではないか？　という指摘や、[5]「自発性」と同義の「主体性」とした場合、それは本当に「受動性」と対義語なのか？　といった意見もあります。[6]

学術的には、武藤浩子さんの『企業が求める〈主体性〉とは何か』（２０２３　東信堂）は、秀逸の一言です。詳しくは圧巻の博士論文ベースの書籍なのでお読みいただきたいのですが、丁寧で多角的な分析により、〈主体性〉と一口に言っても、「行動力」にはじまったものが、「思考力」になり、ひいては「協調性」なんて意味合いまで内包していることを明らかにします。

さらには、そんな多義化する〈主体性〉に無自覚なまま、企業はこれでもか、と〈主体性〉醸成、育成に躍起になるもので、やればやるほど、「従属的な〈主体性〉育成がなされている」（前掲書　１８９頁）と結論づけます。爽快です。

他方で、私が支援に入らせていただくような中小企業では、この帝国データバンクの結果のように、「『主体性』なんて求めるまでもないよ」という意見のほうが主流だとの体感があります。

――そんなわかるようなわからないものを求めるくらいなら、言われたことをちゃんとやる、それでいい。

という意見も本当によく耳にする生の声なのです。

経団連側の調査も、自分で考えて行動する、なんていう「主体性」を求めているのではなく、期待を察して、実質命令であっても自分が選んで行動したのだと思わせるしくみとしての「主体性」を欲している可能性は捨てきれないかと。

優秀ならば、傷つかない？

話が逸れましたが、先の潮流に輪をかけて、今や、「〇〇力」のような能力要請とも呼ばない・呼べない、**人間の「あるべき姿」のようなものが、無限に増殖している**ように思えてならない点も指摘しておかなければなりません。

たとえば、次のような言説を耳にしたことはきっとあるでしょう。

・怒らない技術
・愛され力
・ご機嫌

一見すると、**耳に心地のよさそうな、「やさしい」響きのあることばたちですが、実は強烈にマッチョなやつら**です。

これらがあればあるほど、職場で怒りたくもなるようなことがあっても、怒れません。怒ったらダメな人になってしまうのですから。いつもいつも口角を上げて……そのためには日頃から表情筋を……って、いったい何を目指しているんでしょうか！

同じく、「傷つき」は多くの場合、自分が思ったようには他者や環境から大事にされなかったと感じた経験だと思いますので、「愛され力」がない、つまり「傷ついて」も仕方がないかのように思われやすい点も気がかりです。

いずれにせよ、これらを「あるべき姿」だとされる社会においてはやはり、「職場で傷ついた」なんて、わざわざ不幸体験を話すのは抵抗しかありません。みじめ、という感覚ともつながっていると言えましょう。

というわけで、ごくごくありふれた日常であるはずの「職場の傷つき」がなぜ語られず、なかったことにされているのか？　ご理解いただけましたでしょうか。

個人に「能力」が固定的に備わっている前提で、それに基づく評価が、社会の立ち位置を決めかねない、能力主義社会の様相を照らしてみました。そんな世の中において、「傷つき」という主観的で個別的な話すらも、

「優秀ならば、傷つかない」
「傷つくなんて、自分に落ち度がある」

そういう人間観・評価観が跋扈《ばっこ》してしまいました。

気に病んだり、気を揉《も》んだり……誰にでも本来あるし、必要なことだと私は思うのです

が……それは、前向きな推進力に欠けるできの悪い人、の態度だと見なされてしまう、世知辛き社会なのです。

Q 何が問題か？

問題その1 ――歯止めのきかない能力主義が、「傷つき」を認めない

靴擦《くつず》れ程度で問題に気づいて、対処できたなら大ごとにならないのに、**大事な端緒をみすみす見過ごすことで、結果的に、大事に至ってからしか問題が可視化されなくなってしまうこと**。これが、繰り返しになりますが、「問題その1」です。

しかもこの「大事に至る」とは、個人が休職せねばならぬほど「メンタル不調」に陥ってしまったり、傷つきの表出のさせ方によっては、思い切り「パワハラ上司」になってしまったり。いずれも逸脱事例として、合法的に排除に近しい処遇がされかねません。

しかし繰り返しますが、**個人の「傷つき」は〈組織の問題〉**です。しかるべき対応が組

織課題として早々に手を打つことができれば、個人や組織を極限まで追い込むことはありません。現状認識と対処ができれば、本来ありふれたことだからです。

なのに、個人の問題だと認識されている限り、組織はその重い腰をなかなか上げようとはしません。もっと他の「大事なこと」で忙しい、そう言いたげです。

ここに、社会を席捲する能力主義的な人間観も加わり、個人が「傷つき」を認めたがらない・認めたくない気持ちにさせられたり、周囲が**『傷つき』なんて、特定のダメなやつの話だ**」と早とちりしてしまうことは、もったいないというか、結果的に惨事を招きかねない、危うい話なのです。

加えて、この能力主義によって、小さな「傷つき」のかけらすら表明できないことは、個人を際限なき競争と自己責任に追い込む一方です。それも危惧しています。

誰にでも大なり小なり日常的に起きる「傷つき」「しくじり」「恥」などがますます、自身の「無能さ」の表れとして、自ら封印してしまうのですから。

隠せば皮肉なことに、解決に向けたハードルは、より上がります。「できる人はこんな『傷つき』はきっとないんだ……」と自らの首を絞める。みんな本当は似たり寄ったりなのだと思いますけどね。

こうしてみてくると、こんな言い換えも可能そうです。

個人の能力の問題にしてしまうと、なぜ人はこうも「傷つく」のか。

それは、次の3要素がそろってしまうためだと考えます。

---

1 断定
2 他者比較
3 序列化

連続性のある、組織の揺らぎの中で、あたかも自分がうまく仕事ができていない瞬間をスナップショットで撮られてしまったかのごとく、「はい、これはあなたの『能力』の問題です」と言い切ってしまう（断定する）こと。

能力主義は
なぜ人を傷つけるのか？

1　断定

本来揺れ動く状態なのに、「あの人は優秀」「あなたは能力が低い」と言い切ってしまうから。

2　他者比較

「○○さんはできているのにあなたはできていない」という無限の背比べ競争を正当化するから。

3　序列化

勝った人はまた勝つために競争し、負けた人も今度は勝てるように競争し、1つでも上位に行きたいと思わせるエンドレスなしくみをつくるから。

これって、どうなんでしょうか？　と言われてしまう。

さらには、切り取られた個人の「能力」問題は、必ず、「他者比較」というプロセスを経ることになります。「〇〇さんはできているのに、あなたはできていない」、逆もまた然り……と無限の背比べ競争が勃発するのです。

競争は、ご存知のとおり、勝者を生み出せば、敗者も当然のごとく生み出します。これが「傷つき」です。相対的に必ず優劣がつくのが競争ですからやむを得ない、そんな逃げ口上を許してしまうともいえます。

これに対して、**勝者側の優越感というのは、非常に強い報酬を生み出す**と考えます。身に覚えもありましょう。勝つことの爽快感、達成感は半端じゃないのです。「チョー気持ちいーー」（©北島康介）なのです。

これは止められません。勝った人はまた勝つために競争します。負けた人も今度は勝てるように競争しますが、だんだん出来レースだとわかってくるも……勝ったことのある人はその気持ちよさから競争をなかなか手放そうとはしません。

「もういいや……」

そう言っている人も間違いなくいるのでしょうが、勝てる試合があるとわかった人が、とことん優越の構造に身を置くのです。

そうして序列化される私たち。「人的資本」なんて言って、組織の序列化、人間の序列化を強化するものになっていないか？

私は危惧しています。

能力主義に基づく序列化、さらには排除は、その行為をいつだって正当化しますから。

「仕方ないよね、できが悪いんだもん。貢献度が高い人が多くをもらわないとね」

と。これがすべて、悪い！と言っているのではありません。まずは、巧みに作られたしくみである（からくりがある）ことをご理解いただきたいのです。

断定、他者比較、序列化が行き着く先を、ちゃんとことばにして、議論の俎上に置きたいのです。

からくりに無自覚なまま、**「社会ってそういうもんだから」にしては、傷ついている人が多すぎます。**

2024年2月に「能力社会を歩く」と題した対話イベントが開催されました。たくさんの方にお越しいただき、車座で対話させていただき、私の手元のメモにはみなさんに自己紹介で話していただいたエピソードの数々が残っているのですが……、

なんと「職場の傷つき」が多いことか。それを言えていないから癒えていないことか。

と痛感しました。

もう1つ、問題があります。

問題その2　――で、どうする？　現場に応えていない

問題が個人化され、さらには断定・他者比較・序列化を経て立派に能力論化される、「職場の傷つき」。

そうだとして、明日から我々1人ひとりが、職場で何をどう挑戦、変革し得るのか、これについて、煙に巻いていることが「問題その2」だと考えます。

メカニズムがわかってすっきり、晴れ晴れするのは、はっきり言って、研究者やコンサルタント、経営者などの……毎日現場にいないない人だけです。

現場は百発百中、こう思います。

「で、どうすればいいんだ？」

それはそうです。現場の足しにならないことは、知見として不十分だと私は思うのです。

そこで、次の章では、どうすればいいんだ？の中でも、実際に職場において、しつこい

ほど認識を改めておくべき点と、改まった認識を持って実際にどんなことばを交わし合いながら仕事を進めることが可能なのか？

その情景が浮かぶように、解説していきたいと思います。

そのうえで、ここからはいよいよ、タブー視された「職場の傷つき」にどう抗うべきか？　仕事なんて「傷ついて」当たり前、などと言わせないようにするために、私たちに何ができるのか？　何に関しては、粘り強い試行錯誤が求められるか？

考えていきます。

第3章

「能力主義」の壁を越える

コミュ力という魔物

私たちはなぜ、職場で「傷つき」、またそのことを素直に「職場で傷ついた」と言えずにきたのでしょうか。

なぜ「傷ついた」と認める前に、「まぁ自分がいけないんだよな」なんて諦め、黙りこくってしまうのか――この背景に、「能力」というものが個人に内在し、その優劣（差）によって、「傷つく人・傷つかないでやっていける人」という人間観が〈生み出されている〉点を挙げてきました。

ある調査によれば、組織が個人に求める「能力」ナンバーワンを約20年も独走しつづける「コミュ力（コミュニケーション能力）」という魔物。これこそが、事態に追い討ちをかけるかのごとく、「職場の傷つき」を個人的な問題／個人の「能力」の問題として、組織的に決して議論の俎上にあげない土壌を盤石に作りだしていることも、示したとおりです。

さて、「職場の傷つき」が問題にされないからくりがあるとして、真の課題であり本書がたどりつきたいのは、「いかにして『職場の傷つき』を当たり前にしない職場をつくっていけるか？」です。

これについて、**「能力」とはどう折り合いをつけながら、お互いの合理性を大切に、誰かに一方的に口を塞がれることなく生きていくことができそうか？　といった共生・連帯の道筋をつけていきたい**と思います。

まず次の3点が、企業の変革、思考のトランスフォーメーション、ひいては社会の進化には不可欠と考えます。

1　あなたも私も、揺れ動いている（「能力」とは刻々と変化する「状態」）

2　「能力」を上げるのではなく「機能」を持ち寄る

3　試行錯誤すべきは「組み合わせ」（他者比較による序列化の無効化）

人が人を評価する本質を考える際に、目をこらすべき3つの点、とも言えます。詳述してまいりましょう。

1

あなたも私も、揺れ動いている

―「能力」とは刻々と変化する「状態」である

いの一番に大事なのは、その人らしさは、〈固定的に〉、ある人に内在したものだと思わないことが肝要である、と言えそうです。

他者との関係性、その場の雰囲気などなど、まわりの影響を多分に受けるのが、人が人とともに在る、人とともに歩むことの内実でした。

つまり、**職場で「人となり」や「能力・資質」として語られている多くが、あくまでも「状態」の話**なのです。

換言すれば、職場であらゆる「評価」、それをベースにしたやりとりがなされますが、これらは刻々と変化する「状態」を指しているに過ぎないのです。

状態の話とはつまり、確定していない・し得ないとも言えます。「彼女はメンタル弱い人だから」ということでも「あの人ってハラッサーだよね」ではなく、

――今（の環境が）その状態を発露させている

そう思ったほうがいいということ。

可変的で文脈依存的な人間。**何らかの科学的な心理テストをすると、「本当のあなた」が「客観的」に「エビデンスベース」にわかる、なんて話ではない**のだと考えるのです。

前章でも初作の内容を少し紹介しましたが、人は環境次第でいかようにも変わります。元気そうに見えた人が、ある日突然進行がんが見つかり、弱ってしまうことだってそりゃあ、あるのです（私のことです）。

人の見え方（評価）でいえば、もっと可変的です。株相場くらい、平気で変動します。その人そのものが変わらなくても、誰と何をどのようにやっているか？　という場が変われば、「使える」と言われたものも翌日には「あいつ使えねぇ」に変わりかねない。逆も

またしかりです。

ある人の見え方は、その人が固定的に保持しているかの「能力」ではなく、あくまで互いに影響し合って揺らぎの中を進行する「状態」なのです。

このことについて初作で著した際に「自分のことかと思った」と方々より反響をいただいた、敏腕営業部長Mさんの新卒時代の黒歴史を題材に、考察してみましょう。

CASE 4

❖ 25歳・大手旅行会社営業部　Mさんの場合

Mさんが新卒で入った旅行会社は、新卒学生が挙げる人気企業ランキングの常に上位。「健康経営」「パーパス経営」だなんだといった組織論でも先端を行く企業の1つと認識されている「優良企業」です。

しかし、つぶさに見たときの現場は、「自分で考えろ」「調べてから聞け」が飛び交う部門や部署もしかと存在していたようです。これはつまり、組織目標は大きく美しく掲げられているものの、ちょっとしたことを気軽に確認できない、窮屈な組織風土が醸成されているということでもあります。

「チップとデールをよろしく」の悲劇

新卒入社の営業社員のMさんは、ある最重要顧客のプライベート旅行の手配の指示の中に、「チップとデールをよろしく」と出てきたのですが、初耳で、なんのことかわからないでいました。

わからないなら尋ねればいいだけの話のように思いますが、そう単純なことではないのが世の常。

「そんなことも知らないのか！」

これまで散々言われ続けたことで、次のような意思決定をするのです――「チップとデール」と何回も脳内で唱えるうちに、チップとデール……？

←チップスと、デール？

←チップスとビール……

チップスとビールのことか！

勝手にシナプスがつながり、わかった気になってしまったのです。

そして迎えたリクエストの当日。そのクライアントのお嬢さんのお誕生日祝いの席でしたが、そこに大好きな「チップとデール（ディズニーキャラクターであるシマリスのコンビ）」のデコレーションが施されることは……ありませんでした。テーブルにデーンと、ビールジョッキとフライドポテトが用意されていました。期待値が高かっただけに、事態は修羅場に。

電話で叱責されたうえ、自社内でも即刻始末書を書かされ、その後も「そういえば前からMは使えなかった！」などと袋叩きに遭い、退職することを決意したのでした。

しかしこれまた興味深いことに、Mさんはその後転職し、今となってはその転職先で最年少営業部長として比類なき「才能」！をみせている、というエピソードでした。

❖　❖　❖

管理職はつらいよ

さて、この話。初作では、「能力」評価なるものが乱高下する一例としてサラっと描きましたが、これは実は掘り下げ甲斐のある事例なんです。

特に、登場人物各人がかけているであろう「めがね」をかけて（英語ふうに言うと、各々の靴を履いて）、状況を眺め直すとおもしろい。

新卒社員Mさん（現、他社の営業部長）には、聞きたいことも聞けない、不自由で不寛容と映った職場。たとえ、先端的、「優良企業」であったとしても、です。

また同時に興味深いのは、その職場の当時の上司たちは、世が世なら「パワハラ」と言われてしまうかもしれない点です。何か聞いたら、

「ねぇ、忙しいのわかんない？　そんなことに答える暇ないいんだよ。自分で考えて」

――この積み重ねで、若手は病んでしまうことが充分に考えられるわけですから。

しかし、マイクを今度はその上司たちに向けると……まったく異なる世界線が見えてくるはずです。直接ご本人たちに聞いたわけではありませんが、似通った状況は散見され、そのたびにこれまで相談を受けてきました。それら拙経験を職場のエスノグラフィー（質的調査、参与観察メモ）として振り返るに、十中八九、こう言うことが想像されます。

「自分たちがプレイングマネージャーとして、重い予算（ノルマ）を持たされて、それでいて部下を育てろ？　体が何個あっても足りませんって。

気楽に何度も何度も質問されて、それにいちいち答えていたら、それだけで1日終わります。ちょっと緊張感って言うのかな、なんていうか締め付けは必要なんです。育成というか、人の管理には。

僕らにこれだけの生産性を求められていたら、そりゃあ空気の読めないような、能力の低い人には犠牲になってもらわないとどうしようもない。

いいですか、知らないことを聞かなかったM本人が諸悪の根源です。『わからないことを聞けない組織風土をつくった』？　いやいや(笑)、わたしたちを巻き込まないでほしい。Mみたいにあれこれ聞いてくるやつ、ほかにはいませんでしたからね。彼は採用ミスだった、と言うべきでしょう。それだって俺らの責任になるんですよ？　『誰だよ、こいつ採用したの？』って言われるんですから。管理職はつらいですよ」

なんとなく、わかりますよね。これは、さっきまで「ひどい上司だな」と感じた点を覆す視点ではないでしょうか。前章で紹介したダイハツ工業の事例もかなり重なっています。

つまり何が言いたいかと言うと、

――上司も上司で「傷ついている」

ということに他なりません。

はたまた、「チップスとビール」で大事な娘の誕生会を台無しにされたクライアントの側に立つとどうでしょうか。

始末書に追い込むほど、旅行先から名指しクレームを激高した様子で入れてきたクライアント。その権幕たるや相当な怒鳴りこみの国際電話だったと聞いていますが、それも本人からしたら、無理もないのです。だって、大事な娘の誕生会で、日ごろの育児参加の埋め合わせを考えていたであろうに、ちゃんと聞き返すなり、確認してくれなかった若造のせいで、台無しになったのですから。

これも世が世なら、「ヤバい人」「クレーマー」とされてしまうのかもわかりませんが、ご本人の事情はどうでしょうか。これも直接もちろん本人に聞けたわけではありませんが、似通った相談からこんな想像ができます。あながち的外れではないと思うのです。

「日頃、『仕事と家庭どっちが大事なの?』と妻に繰り返され、時には離婚の二文字もちらつかされる中迎えた、背水の陣ともいえる娘の4歳の誕生日パーティー。盛大に、娘が大好きなディズニーランドで開くことに決めたんです。そんな場で、ビールとポテト用意されちゃったんですよ?

僕はこれまで、完璧に仕事をこなしてきた。だから若くして、ここまで偉くなれた。ケア労働はすべて妻任せだと言われても、だからといって妻は妻で贅沢な生活を送れている。それが間抜けな若造の勘違いで、めちゃくちゃにされた気分。

人生がかかってるんですよ! 完璧な人生が。勘弁してくださいよ、クレームくらい入れさせてくれ!!」

——あぁこの方も、**労働世界の競争と、家庭というケア現場の狭間で「傷ついている」**というわけです。

みんなの事情、みんなの「傷つき」

どっちが「正しい」のか？　などという単純な話ではないことは、つかんでいただけましたでしょうか。

こうした事案は、「被害者・加害者」のような二項対立的な図式で語りがちかもしれませんが、「正しい・間違っている」でもなければ、「良い・悪い」でも語り尽くせないのです。

ただただ、**ある状況で、お互いに見えている世界・認識が違う**、ということです。

その状況で、お互いがかけているメガネが違うことを意識せず、誤って次のことに盲進していくのが、いわゆる「トラブル（傷つき）」の状態と言えます。

どこか思い当たる節がないでしょうか？　社会学的には「**他者の合理性**」と呼ばれるものです。が、この視点がないと、

「あいつが悪いのに⁉︎　まったく」

「こっちは被害者だぞ？」

という自己正当化か他者批判という穴を自ら掘って自ら入っていくことになり、袋小路、蟻地獄まっしぐら。

しかしながら、多くの人にとって、

「あなたは間違ってない」

「悪いのはまわり」

とささやいてもらえたほうが、一見するとありがたいといいますか、留飲が下げやすい。

ゆえに、第1章で述べたような、「ハラッサー」問題や、「メンタル不調者」問題、「職場の害虫」問題などなど、個人のラベリングやカテゴライズによる問題の個人化は、ビジネス界でもビジネス書界でも、引っ張りだこと言えます。

ですが本書は、**耳に心地のよいことばかりを言って、問題の矮小化**（**自分以外の誰かの悪者化**）**をつづける限り、「職場で傷つく」ことを本質的に解きほぐせない**と考えるため、しつこく言わせていただきます。

「正しいのは誰か？」という問いは、忘れてください。

人と生きる限りにおいて、おそらくどこにも使い手のない不毛な問いです。誰しも、自分の目線で「正しい」ことをしているはずですから、議論は平行線をたどります。

ちなみに、「正しい」の部分は、こういう言葉にも置き換わります。「仕事ができる・できない」「頭がいい・悪い」のはどっち？　もついつい、脳内を駆け巡ってしまう、間抜けな問いの1つです。

しかしいずれも、私たちが一生懸命になってすべきことではありません。自分や他者をジャッジメンタルに見るのではなく、ただただ、

〝今は状況・場の歯車が噛み合っていない「状態」に陥っているのだな〟

とらえることなのです。そのうえで、

〝さてこの歯車を、どう噛み合わせていこうかな？　ちょっと考えてみようっと〟

──これが、職場のいざこざを紐解く第一歩になります。

現に、先の登場人物たちは、今はそれぞれがまったく違う状況で、「パワハラ上司」でもなければ、「使えない新人」でもないのですから。「環境を変えよう」と発想しました。またそれが、功を奏した事例でもあります。

ゆえに、自分に問うべきもまずは、

「俺（私）って、ほんとにやばいのかも？　あぁ眠れない、どうしよう」ではなく、「いまちょっと調子悪いな……。どこが噛み合わないのかな？　変えられるところはあるかな？」なのです。

この思考は、何より現場に則した現実的な思慮です。

自分って……と掘れど掘れど、不安感と妄想が広がるばかり。先ほどの前作に登場したMさんも、確かに前職の旅行会社では「傷つき」ましたが、そのあと、自分自身の「能力」の問題だと意気消沈することなく、転職することで、環境を自ら調整しました。

彼の思考プロセスは、今考えても見事な判断だったと思います。

加えて、新天地でうまく立ち上がれたのは、環境を変えたことだけではなく、自分自身の解釈や言動のパターンをよくよく内省したことも大きな一因です。

誰が悪いのか？　あの環境はどのくらいひどいところなのか？　などともんもんと考えつづけるのではなく、人と人、人と環境は互いに影響を受け合っているのだというメカニズムを理解したうえで、彼は、自身が陥った一定のパターンには自覚的になっていました。

〝圧力がかかると、委縮して、ひるんでしまうのだな〟

〝聞くべきことも聞かずに進めることを、「できるやつ」と思い込んでいたな〟

など、苦々しい過去のしくじりであろうと、少し引いて、振り返っていたのです。

――これは「能力」ではなく、**振り返りの習慣として非常に卓越したもの**だと感じます。

さらに付け加えるなら、Mさんご自身の苦い経験を、今いる会社で存分に活用しているといいます。


どんなに忙しくても、自分もプレイングマネジャーとして余力をなくしているときでも、チームメンバーの口を塞がないことを徹底すると。質問しにくくする、報告しにくくする、提案しにくくする、それらの行き着く先の悲惨さを知ってますから。

今となってはそう語るのです。これほど活きた学びがあるでしょうか。

「本当のあなた」というお告げ

しかしながら巷《ちまた》に広がるのは……ここまで述べてきたような話の真逆のように思います。

つまり、「本当のあなた」――それも固定的で個人に内在していると考えられる自己――

が、昨今のテクノロジーならば「可視化」できる、そんな謳《うた》い文句にあふれています。

「データは？」
「科学的根拠は？」
「エビデンスは？」

このように尋ね合い、信頼に足るかどうかを判断し合ってしまう私たち。その前提で社会が動いていれば、自己や他者の「評価」においても、客観性やらエビデンスやらを重用してしまう気持ちはわからんでもありません。

しかし、お気づきのとおり、**「データ」も「エビデンス」も、それをつくるためには、起きている事象の単純化・切り取り、つまり「状態」ではなく固定化した情報に変える必要があります。**そうでないと、データになりません。そうなると信頼されないのですから、客観性には落とし穴があろうとも、そこは見て見ぬふりする他はないのです。

こうして、みんながみんな「状態」の話をしているだけなのに、どこかの誰かが確固た

社員の能力は「データ」「エビデンス」「科学的根拠」で管理し、育成すれば、組織の利益を最大化できる!?

業界各社のHPを参考に筆者が作成[1]

る（＝科学的で客観的な）「本当のあなた」だとありがたいお告げをし、その認識を若き学生のうちから所与のものとして浴び続ける。

キャリア教育の一環で、高校1年生で性格診断のようなものを、学問適性・仕事適性などと称して受検している方が多いのなんの。

若年層の「ＭＢＴＩ」や「16 Personalities」[2]などをはじめとする、タイプ別心理テストの人気も衰えるところを知りません。アイドルが自身のタイプ別性格診断結果をＳＮＳプロフィール上で公開したことから、今や一般人も自ら「私ってこういう人」を公開している人が少なくありません。

今や誰も、人となりについて語る際、「今だけ、こういうふうに見えるね」なんて慎み深い他者の描写などしないとも言えそうです。平気で「あの人ってコミュ力、高いよね」「人に興味ないよね」などと断定する。

これが他者を傷つけ、まわりまわって自分をも傷つけることがあるとも知らずに。いや、知っているけど、他の方法がもはや浮かばないのかもしれません。

暗い予測

関連して、私事ですがこんな苦々しい経験を紹介しておきましょう。「状態」の話を断定していけばいくほど、みんながみんな苦虫を噛み潰したような表情になっていく……けっこうホラーな実体験です。

かつて私が人事コンサルタントとして「部長選抜のためのリーダーシップアセスメント結果フィードバック会」のためにクライアント企業へお邪魔したときのこと。

街が華やぐキラキラのクリスマスどきでしたが、まず驚いたのは、お集まりいただいている部屋がどんよりと暗いのなんの……まるでお通夜だったこと。

それはそうです。

クリスマスに誰が、「科学的な手法により、あなたの管理職としての『能力』は、中の下でした」みたいなことを聞きたいでしょうか。

今思うと、あの雰囲気はまさに、複数人の前でコンサルという名の赤の他人・部外者に「評価・選抜」されることへの違和感、「傷つき」だったのだと思います。それも、可変的なはずの「状態」としての自己について、他者から固定的な「能力」として評価されるなんて。

また、多くのアセッサー（評価のためのテストをする側の人）やフィードバッカー（テスト結果の能力評価をフィードバックする人）を経験した人はおわかりかと思いますが、そうした現場は暗いだけではなくて、時折コンサルをにらみつける方も必ずいます。まさに「お前何様だよ」という視線です。

この視線というのは、グサっときますが、これこそ人事コンサルや人事部は、良し悪しをつけずに受け止めなければならないことだと肝に銘じています。だって、そうじゃないですか。「俺の／私の何を知っていると言うのだ?」と眼光鋭く訴えたくもなるでしょう。

そうした姿も含め、私たちは内心どこかで気づいているんだと、たくさんのクライアントとお会いしてきて思います。**「あなたはこの程度です」と言い切ることの不確かさ、**限界を。いくら科学的だ、データドリブンだなんだと言われても、いや、言われるほど、こぼれおちている無数の現象があることを。

これはやはり幼い頃から、試験といえば一発勝負を強いられ、「本当のあなた」を見ていると称して瞬間的な「状態」のみを「能力」と称して切り取られ、比較されることにあまりに慣れ過ぎたと言うべきではないでしょうか。

「能力」「実力」と言いながら、「見せ方」の競い合いでもあること、その欺瞞《ぎまん》に何度も何度も人生でさらされ、そのたびに「傷つく」。

ですが、それも「お前のできが悪いからそんな負け惜しみを言うのだろう」とか、「はいはい、これだからルサンチマンは」などと言われ、口を噤《つぐ》まされてきているのです。

「あの人、化けたな」って失礼な――未来予測の落とし穴

もう1つ思い起こすざらざらとした感覚があります。

コンサルは往々にして未来予測を生業《なりわい》にするわけですが、読みを外すことも多々ありま

す。万物は流転しているのですから、その状況変化に伴い、必ず人も変わりますから当然と言えば当然。ですが、そのことをよく、人事や人事コンサルは「思った以上に『化けた』なぁ」なんて言い方をするのです。耳にしたことのある方も多いことでしょう。

ですが……いやいやいや、ちょっと待ってくださいよ、と私は思ってしまいます。お化けじゃないんですから。お化けのようだ！と驚くのではなく、早々にやはり、こう認めるべきなのではないでしょうか？

——万物は流転する。諸行無常である。場によって人は変わる。その人らしさは、「状態」の話なんだ。簡単に先のこと（状態）は読めない。だからこそ人生はおもしろい。自己と他者の可能性を、常にひらいておこうよ、と。

とはいえこともあろうに私も過去には、未来予測をしていた頃はそれが思わぬ展開を見せると、焦ってしまうんですよね。外したら商売あがったりですから。

でもそれってとてもおかしなことで、**本来、人なんて、予想の範囲なんてつまらないものを超えていってくれたほうがよっぽど素敵なこと**ではないですか。

「おいおい、想定外の動きやめてよ〜」なんて平気でコンサルとして思ってしまう自分なんてのは、非常に滑稽《こっけい》ですし、同時に危険なことだと思ってしまいます。未来予測の落とし穴、とでも言っておきましょう。

「最新の心理統計解析技術の向上で……」などの触れ込みを聞くと、なんとなく信じてしまいそうですが、ぜひ、わたしたちの素朴な感覚を今一度、問いかけてはどうでしょうか。「これが『本当のあなた』って……そんなことあるかな？　今はそうかもしれないけど、今がすべてなのかな？」と。

素朴な疑問が浮かびながらも、自分もまわりもここをないがしろにしてしまうと、その後、根深い「職場の傷つき」になります。

対話のきっかけ

うまくいってない個人の存在を仮にも問題提起したいのであれば、こう切り出すべきと考えますが、いかがでしょうか。

個人の「能力」を責めるのではなく、大前提、組織の問題として、

「自分の目には今、○○さんてこういう状態にあるように映っているんだけど、どうかな？　自由に仕事できている感じには見えなくて」

などを対話の糸口にする方法です。

組織として前に進むために、「できの悪い」メンバーを虐げたり、外すことが必須なのではありません。「能力」データのエビデンスが必要なのでもないですよね。

組織としてうまく回っていないのなら、そのことを「他者からそう今は見えている状態」として、まずは課題を共有することではないか？

私はそう考えます。

勘違いされる「リーダーシップ」

「……のように自分には見えているんですが」

という、この対話のトリガー。

これは、聞くは易しですが、「行うは（実践は）案外難しいのですが……」とご相談をいただくことがあります。「そんなこと言い出したら、ヘンなやつだと思われそうで」とも。

それもそうですよね。

なので私は、ここでご紹介している事実は、組織内における意思決定の裁量が大きい人こそ、知っていただきたいと思っています。水は上から下へ流れますから、上の、「あたり前」を変えることが、大切です。

何かを断定するなど、言い切ることが「仕事力」なのでも「リーダーシップ」なのでもありません。あいまいなあわいの中で揺れ動く現実をしかと受け止め、人間の限界に沿って、「〜見えているけど、どう思う?」と他者との認識調整を試みるのです。

リーダーとて、言い慣れていないかもしれません。「コソ練（陰で練習すること）」しましょう。クライアントにもよくお伝えします。

「そんなこと、その場でなかなか言えないですよー」とおっしゃるので、

「お風呂で毎日20回、復唱して、口を慣らしましょう」なんて大まじめに話しています。

本気（ガチ）です。瞬発的にその視点を起動させ、ことばとして発するまでに、コソ練、下ごしらえは必要です。

組織開発とは、聞き慣れない横文字の、ナウそうな（死語ですね）標語を掲げ、それっぽく旗をふることではありません。

「パーパス」だ「ティール」だ「ウェルビーイング」だなんだが、戦略人事の必須ワードではありません。

何か、新しいことを推進するのが敏腕なのではなくて、
今起きていることを、決めつけずに議論の俎上《そじょう》に載せること。
——これこそが、意外かもしれませんが、組織運営の屋台骨なのです。

議論の俎上に載せるとは、小難しそうな組織の新概念風のものをかざすのではなく、ごく当たり前の、誰でもわかることばを日常的に繰り返しながら、相手と、場を相対化（眺め直す）することなのです。

「なぜ、これができていないのか？」——阻害要因を探す

「今起きていることを、決めつけずに議論の俎上に載せる」際に、間違ってはいけないのが、あれをやろう・これがいいらしい、とソリューションの推進に盲進しないことです。そのためにはまず、推進、促進の前に肝になることがもう1つありますよね。

なぜ今までこれを推進できなかったんだっけ？　何が阻害してきたんだろう？
これをその組織内でしつこく問うことです。

今やっていない・やれていないことには、相応の理由があります。やらないことの合理性が必ずあるはずですから。そこをすっ飛ばして、あれをやろう・これをやってみよう、では、必ずや問題がぶり返します。

人は、どんな人も自身の体験や知識を総動員して、各人の合理性のもとそのときどきの判断を重ねています。わけもなく、無秩序に現状が作られているわけではないのです。阻害要因・阻害ポイントこそ、よくよく振り返りましょう。

たとえば、先の「チップスとビール」の話も、その視点が欠かせないのです。どういうことかと考えたいのですが、Mさんがたった一言、
「すみません、チップとデールって存じ上げず。教えていただけますか？」
と言えれば、なんてことなかったのが、簡単に言えば例の逸話でした。

しかしこれを真に受けた、ありがちな組織改善案は、往々にして、「質問や会話の促進」といった平面的なものに終始しがちです。

しかしながら、ここまでお読みいただいた方はお気づきのとおり、課題設定がまず間違っています。また、それにともなった解決策というのも、なんら現実的なものではありません。

わからないことは聞けばいい、というごくごく当たり前のことができなかったのには、理由があります。絶対に。

前述のとおり、聞けばいいよね、と思う何千歩も前で、

「こんなこと聞くな」

「自分で考えろ」

などと散々こき下ろされたのではないでしょうか。また逆に、まわりに聞かずに自分でやると、

「お前察しがいいな、デキるな」

なんてほめられる始末。

要するに「評価」されるための、ある意味本人にとって合理的な行動なのです。

また、先の事例では、上司がつっぱねてしまうのにも、背景があることを示しました。彼らは彼らで、管理職業務の傍ら、厳しいノルマの締め付けという「傷つき」に遭っていたのです。部下の問いかけに応じたい気持ちもあれど、自分自身が余裕を完全に失う中で、なるべく自身の業務を片付けることを優先させてしまったのでした。

これについて私は、しょうがないよね、と言いたいのではありません。ひとりの短絡的な意思決定で、組織全体として失速を招いていることは、残念なことです。

だからといってこれを、

・怒らない技術

・ご機嫌の作法

など と、「人格者」トレーニングや道徳心といったことまでをマネジャーに課す問題の個人化、能力論で片づけたりすることではありません。

私もクライアントから、「ストレスチェックをやったら、管理職のEQが低いと出てきた。EQトレーニングを受けるように提案されたんですが、勅使川原さんどう思います？」と相談をいただくことが、しばしばあります。

繰り返しますが、**これは「組織の問題」なのです。**

本件でいえば、営業ノルマ、つまり目標設定にそもそも無理がありそうです。

仮に、組織の存続にその利益が必要なのだとしても、その利益創出の方法は見直しが必要です。なんなら、本当に自分たちが目指すことに、その利益がまるまる必要なのかどうか？　そんなことを経営層が落ち着いて再考すべきときとも言えます。

これに目を向けず、無謀なノルマを追い続けたのが、先のビッグモーター社でした。誰もあれが、後世に残したい組織だとは……思わないでしょう。

その意味で、昨今の「**人的資本経営**」ブームとも言うべきものも、注意深く見ておく必要があると思います。

大人気「人的資本経営」への違和感

「人的資本経営」とは、そもそも2020年、米国証券取引委員会が上場企業に対して、人的資本に関する情報開示を義務付けたことを受けたものです。

その後国内でも同年に経済産業省が「持続的な企業価値の向上と人的資本に関する研究会」を発足。その研究会の最終報告書として公開した「人材版伊藤レポート」から、日本も米国に倣《なら》って、人の「能力」などが企業の価値、競争優位の根源である！との経営指針の新しさを謳うようになりました。

具体的な開示義務の話は2023年のこと。

有価証券報告書を発行する大手企業4000社に対し、2023年3月期決算以降の有価証券報告書に人材投資額や社員満足度の記載を金融庁が義務付けたから、さぁ大変。古巣である人事コンサルの仲間は、「超がつく活況」「人的資本経営バブル」と忙しそうに（うれしそうに！）語っています。

だって、何すればいいのかわかりませんもん。開示項目の中には例えば、

・人材開発・研修の総費用
・研修への参加率
・従業員1人当たりの研修の受講時間

などがあります。が、お金をかけて社員に研修を受けさせたかどうかが、人的資本を高める＝人材を「資本」に見立て、人材を大事にすることで競争優位を創出する……とはとても思えないのは私だけでしょうか。

人的資本経営の短絡的さ、わかりやすさにかまけて本質から逸れている感は否めません。潤うのは、誰でしょうね。

〈急がば回れ〉の組織開発

× 社員に何が(もっと)必要だろう?

ではなく

○ 組織の何が(こうも)協働を妨げてきたのか?

つまり何が言いたいかと言うと、往々にして、組織をよりよくしよう!と思うと、ついつい次のような問いが湧いてしまうのです。

そして、改善だ改善だ!と意気込みがちですが、まずはここから変える必要があるでしょう。

× 社員に何が(もっと)必要だろうか?
○ 組織の何が(こうも)協働を妨げてきたのか?

新しいことを始める前に、やるべきことができていない、その阻害要因から考える。

これが組織開発、ないしはイノベーティブな組織へと変革を夢見る会社の一丁目一番地です（昭和ビジネス用語[3]と言われてしまいますね、私は多用していますが）。

急がば回れの組織開発基本事項となればうれしく思います。

2 「機能」を持ち寄る

人のことを「断定」すべきではありません。「今、こういう状態にある」以上でも以下でもないことを事例とともに示しました。

続けて2点目の視座とは、**状態の違いは決して、「能力」の違いとイコールではない**ということです。往々にして個人がうまくいっていない状態を見るなり、

「あの人って能力低いから」
「パワハラ気質だよねもともと」

など、個人の「能力」の差に帰結させて語りがちです。ゆえに、個人の「職場の傷つき」も、その人の能力の限界ととらえ、本人もまわりもその問題を個人化して封印されがちで

すが、違います。

✓ **組織として、「機能」の持ち寄りがうまくいっていない状況**

——これが「職場の傷つき」の正体なのです。具体的な事例で示してみましょう。

CASE5

❖ 30代・大手IT企業調査部門　Uさんの場合

お調子者の静かな「傷つき」

小学校低学年のうちから通信簿には決まって「お調子者」と書かれ続けたとのエピソードを持つUさん。いわゆるクラスのおもろいやつ。

都内の私立大学の経済学部卒業後、新卒で入社したのは、コンビニ最大手の1つでした。幹部候補ですが、最初の数年は「スーパーバイザー」と呼ばれる店舗マネジメント業務。

厳しい販売ノルマのため、フランチャイズのオーナーに仕入れさせたものの売れ残ってしまったものについては、「自爆営業（営業成績のために自分で購入すること）」も厭《いと》わなかったというのはここだけの話。

しかし、そうしたノルマとの闘いで、次第に500円玉くらいのいわゆる円形脱毛症ができはじめます。潮時と考え、しばらくして退職。

半年ほど療養という名のモラトリアムを経験したのち、次はひょんなことからIT企業の調査部門でした。インターバルがあっても、大企業と呼ばれるところに入れれば、ぶっちゃけどの部門でもいいや、そう思っていたといいます。

私との出会いは、その入社時ではなく、その会社の役員（本部長）との付き合いがあり、その企業へ出入りする中で見出した貴重なエピソードです。もちろんその役員は、組織開発の勘所をある程度理解している人です。

さてそのリサーチ部門。新商品のコンセプト決めの消費者調査か何かを想像したのもつかの間、新人が任されたのは、リサーチャーのごとく分析してファインディングスをまとめるなんてことのはるか前工程、調査票の選択肢に不備がないよう整えたり、調査結果の集計表の作成などでした。

来る日も来る日も、もくもくとPCの前で、数字や文字の羅列を確認する日々。おおよそ起こり得ないシステムエラーで妙な数値になったところを必ず見つけたときのみ「よくみつけたね」とだけ褒められる、そんな仕事だったわけです。

話したこともない人から、青天の霹靂《へきれき》フィードバック

先ほど、子どもの頃から「お調子者」と呼ばれた、と書きました。Uさんは、おもしろいことが大好き、人を笑わせるのも大好きな人です。

ただ、その職場で、PCに向かう以外、ほとんど声を発する機会もなかったと

いいます。

まわりを見回すと、誰ともコミュニケーションをとらないことを問題に思っていそうもない雰囲気だったそう。なんなら出社しても、大半の社員が大きなヘッドフォンをして、自分の世界に没入しながら作業をしていたといいます。

なんとか「馴染《なじ》もう」と思って、自分もヘッドフォンをするも、自分が聞いているのはラジオ。人との会話が恋しいのです。そうこうしてさみしさを感じたり、誰ともガス抜きができないことのストレスを徐々に感じはじめた頃にちょうど、入社半年後の評価面談があったそう。そこで、上司から、

・細かな確認ミスが目立つ
・集中力に欠ける様子がある

などとフィードバックを受けました。

Uさんにとっては青天の霹靂だったといいます。ミスがないから、とか、集中力に満ち満ちているのに、という話ではありません。

そうではなく、日ごろの業務でそんなふうに先輩に言われたことがなかったから驚いてしまったのです。仕事に限らず、「髪切った?」とか「鼻声だね、風邪?」のような指摘もなければ、当然仕事におけるフィードバックも、その職場にはありませんでした。

日常的に意思疎通がさほどないまま、評価面談という1年の中でも機会の限られた場で、日々やりとりするリーダー職(ちなみに自分より若い)からおもむろに、先の指摘を受ける——うーん、日頃から言われているならまだしも、本来いうべきことも言ってもらえていないことに、ダブルで「思った以上に、傷ついてしまった」とのことでした。

2社目のこの会社でも入社半年ほどで、またも円形脱毛症が出現。自宅から片道1時間半ほどかけて通勤する先で、誰かと共に仕事を成し遂げるといった関わり合いも特になく、みんなヘッドフォンをしている環境で、悶々と不慣れな作業に追われる。

しかも**ミスが多いことも、面と向かってではなく、評価面談という特別な場の、みで言われる。**

もう限界。無理だ――。そう思ったUさんは、その旨を申し出るため、先の評価面談をした上司のさらに上の本部長に、面談のアポをとりつけてみたそうです。

後日、面談の日。ほとんど会話もしたことのない、なんなら自分の名前も知らないであろうその本部長に、「自身が活躍するイメージが正直まったく持てない。申し訳ないが、迷惑をかけるので退職したい」といったことを告げ、せっかく採用いただいたのに、申し訳ありません、と、ふか〜く頭を下げたときのこと。

パカっ。床にある物体がバサっと落ちたと。

「え？　え？　ネタ？　え？　ヅラ？」

と本部長。

言いましたよね、Uさんはおもしろい人なのです。

円形脱毛症を隠す意味が8割、日によって髪型を遊べるのが2割の理由で、実はウィッグを愛用してきました。残念ながら職場が、他人に興味のない人たちの集まりすぎて、まわりは誰も気にも留めていなかったようですが、部長は運よく（？）気づく機会があったよう。

「あ、すいません。えへへへ」

最後くらい、いいじゃないか、とばかりにふざけてみるUさん。すかさず本部長はこう継ぎます。

「いやいやいや。その十円ハゲ、やばいな」

「あっ、はい。自分なりにやったんですが、うまくこの仕事になじむことができませんでした」

また深く頭を下げる。今度は円形脱毛症丸出しのまま。これみよがしに。同時に、ちょっと懐かしさを覚えたといいます。初職のコンビニでは、よくフランチャイズのオーナーさんに叱られ、本部からも叱られ、よくこうして頭を下げたなぁ、と。ちょっとした郷愁を覚えたのもつかの間、対面の本部長から思わぬことばが飛び出します。

「あのさ、退社じゃなくて、異動しない？　営業。Uさん、いいと思うんだよね。配置を考えた我々側が反省しなきゃいけないことかもしれない。つらかったよね、すまない」

意外な謝罪のことばに一瞬息をのみました。

しかし、ここでひるまないのがUさんでした。

「ハゲは労災です。ヅラ代出してください、なんて。ぜひ、そうさせてください」

退職面談のはずが、大爆笑に包まれる会議室。

Uさんだって別に、退職が本望というわけではない。ただ、今のままの職場はきつかったのだから、異動してみる価値はあるように思えたそう。それでもダメなら辞めよう。そう思い、即答したといいます。

その後、次々と持前のへこたれず、なんでも笑いにかえてしまうその営業スタイルで、大きな新規顧客を立て続けに獲得。そして営業MVPを5期連続でとるほどのスター社員になり、退職面談のヅラエピソードは、社員の伝説、語り草となっています。
クライアント先の忘年会に引っ張りだこで、12月になると体重が5キロ増えるとか。いろんな意味で天晴《あっぱれ》です。

❖　❖　❖

実話を基に創作していますが、端々に職場の「あるある」が潜んでいたのではないでしょうか。

「優秀な人材」など、いません

この本部長は、個人に「能力」が内在しているものではない、組み合わせ・環境の調整の責務を組織側が負っていることをよくよく理解している方だったために、すかさず退職の申し出が社員から発せられた瞬間に、組み合わせ先の模索を頭の中で、したのです。

どこでもなんでもうまくやれるような「能力」が個人に備わっている人を「優秀」と呼び、そうではない人（それが普通なのに）**は、「〇〇がダメだね」と「能力」不足を指摘されても甘んじて受け入れざるを得ない。そんな職場の常識を、ひっくり返す事例**なのです。

どこでもなんでもうまくやれる「能力」の高い人を求めるのではなく、職務に対して適合的な「機能」を持ち寄れているかどうか？

この目線で、個人ではなく組織を眺めるのです。

すると、調査の集計という、答えのある、かなり個人ベースの作業が多いところでは、残念ながら持前のユーモアや人を楽しませたい気持ちは、ありがたがられることがありませんでした。ならば、人の笑顔が見たい気持ちをそのまま生かせそうな営業部ではどうだろう？　と**咲けるかもしれない場所の提案**を、本部長がしたわけです。

まじめでおとなしい他のメンバーと違うからどうなんだろう、などという疑念や先入観なく、おもしろいものはおもしろいものとして、まずもって受け入れてくれたこの本部長のフラットな視線がとても重要になります。

ちなみにこの集計部も、未来永劫、このような個人に閉じた職場であっていいのかどうかは、別途議論が必要なところかもしれません。ですが一旦は、現状の集計部には、対人への関心が高い人を混ぜ込むと、相当厳しいということが、この組織においては言えそうです。

つまりは、今後の採用や異動などに際しては、「優秀かどうか」ではなく、「この独特の組織風土に適合的かどうか」は熟考の必要あり、というわけです。

こういうことが無視されて、**組織が職務上必要としている「機能」の話が、すっかり個人に求める「能力」の話にすりかわると……あっちもこっちも、それぞれの見解で、組織課題を個人ひとりに背負わせることとなり、「職場で傷つく」を生み出しかねない**、というメカニズムなわけです。

さらにもう一歩踏み込むと、Uさんは Uさんで、意図せず2社連続で、十円ハゲを作る状況になったわけですが、

「自分の能力の限界なのだと思ってたから、職場を選ぶ、という感覚が持てないでいた。もっと早くに教えてほしかったですよー」

とその後おもしろく、半分キレながら話してくださいます。個人のマインドセットにも学びが大きい事象だったわけです。

ちなみに今の話ですが、初作をお読みの方は、とある発電所の警備を担当する警備会社の若手社員の事例を思い起こされたかもしれません。お読みいただいていない方のために、こちらも丁寧に検討してみようと思います。

CASE6

❖ 25歳・大手警備会社2年目　Yさんの場合

ある日、組織開発コンサルタントとしてかかわるクライアント先（警備会社）の社長からこんな呼び出しを受けました。

「能力が低すぎて、採用ミスだ」

「能力が低すぎるやつを採用して大間違いだった。この『採用ミス』をどうしてくれるんだ？」

社長は、こう続けます。新卒2年目にして遅刻常習犯でミスも多いYさんの処遇を悩んでいるのだと。

私は注意深く話を伺っていましたが、途中で繰り返し、Yさんを「けしからん」

「やる気のない新人」「処罰が必要」と、表現するのが気になりました。

どんな対応をこれまでしてきたのか尋ねると、キリっとした表情で社長はさらにボルテージを上げてまくし立てます。

「遅刻もミスも厳重注意してきましたよ。それでも直らないから、評価・処遇の正式な手順を踏んで減給処分。当社の部活動の参加なんてもってのほか。業務に『集中』できるように、処罰して、事の重大さを認識してもらうようにやってきました。

でも、舐め腐っているのか、遅刻回数はここにきて増える一方なんです。はっきり言って、クビにしたい。どうしたらいいですか？」

対して、当のYさんはなんと答えるのか気になり尋ねると、

「眠れなくて、やっと寝入った頃には熟睡して目覚ましに気づけない」

なんてふざけたことを言うんだ！　とますます社長はお怒りモードに。そして少し誇らしげにこう言い放ちました。

「眠れないなら医者行って睡眠薬でももらってこい！　とおととい言ってやったんですよ。だってそうでしょう？　これをパワハラなんて言われたら、やってらんないよ」

❖　❖　❖

事態が飲み込めてきました。

社長の切実さはわかります。警備の仕事は、シフトで体制が組まれ、絶対に穴のあけられない仕事です。

しかし一方で、Yさん＝「やる気のない新人」と断定し、どう処分できるか？　という質問への違和感は募るばかり。

というのも、Yさんには私も採用時にお会いしていて、そのときの印象と今とがあまりに違いますし、そもそもYさんに限らず、新卒でわざわざ入社してくれた人が、「遅刻してやろう」なんて思うとは考えにくいからです。

そうなっていってしまう背景を探る

遅刻すれば叱られるし、その分誰だって居心地悪く感じるでしょう。**したくてしていないのではないか？　あくまでそれは結果であって、要因は本人の「やる気」などの「能力・資質」とは別のところにあるのではないか？**　そう考え、いつもの組織開発の手順にのっとり、面談や職場の観察などの調査を進めていったのでした。

お気づきのとおり、こういった介入は、Ｙさんのみならず職場の誰もが、

自分が正しい
自分はちゃんとやっている

体《てい》で話します。

ゆえに、組織開発者などの、第三者的な立場に求められるのは、皆が皆、自分が正しい・相手が間違っている、と考える世界線において、いかに良し悪しをつけず、互いの見えている世界、かけているメガネの違いが、解釈の違いを生み、そこでいざこざが起きている――これをいかにフラットに示せるか、にかかっています。

可能な限り中立な立場で、交通整理をしながら、それぞれが語る「正しさ」とそのすれ違いについて、いかに落としどころを見つけていくか？――なのです。

耳が痛い感じもしますが、誰しも自分の後頭部を見ることができません。ゆえに、第三者的に、お互いが「正しい」、「大切」と信じているものに、意外にも違いがこんなにあるのだね、と可視化し、違いを当たり前にしたうえで、メンバーシップを再構築していくことは不可欠なのです。

「傷つき」が「能力」の発揮を妨げる

さて、そのような事態の解きほぐしから見えてきたのは何だったのでしょうか。やはり、Yさんの「能力」の低さだけが原因ではないようでした。叱責に値する以前にYさんは、

――「**傷ついている**」

と、言えそうでした。

甘えた話に聞こえそうですが、どういうことか。

話していくと、Yさんはとても人懐こいというか、温かな人間関係を人生で大事にするタイプの人でした。職場では元気にあいさつをし合い、ときに冗談を言い合い、顔色の悪い社員がいれば、「大丈夫？」と声をかけあう――そんな、相互にかかわりの厚い組織を望み、自身は配属された当初、積極的にそうしていたのだそう。

他方で、すれ違いの続いている他のメンバーはどう考えているのかというと、観察やヒアリングで、偶然にも、Yさんと真逆ともいえる志向性（自分にとって大切なこと、ゆえに自身は当たり前のようにそう行動しがちなこと）を持っていることがわかりました。

つまり、人に興味がなく、出勤時のあいさつもろくすっぽしないことに違和感がないまわりのメンバーたち。新人Yさんが元気に「おはようございます！」と言っても、華麗にスルーされていたようです。

スルーというか、要はまわりにとっては、「淡々と持ち場につけば、仕事を全うしていると思っていた」とも言い換えられる点がポイントです。**皆それぞれ「正しい」のです。**

問題は、温かな人間関係こそを仕事に求めるYさんがたまたまそこに混ざることで、Yさんは居心地の悪さを絶えず抱え、不安にさいなまれるようになった、という点です。

そして仕事を終えたあとも、こんな考えが頭をもたげ、簡単にぬぐえなくなってきたとご本人も語り出します。

自分はまわりから無視されるに値する人間なのだろうか？

一方、そんな職場でも、ロボットのように無口な面々が、勢いよくしゃべるときがありました。

それは、Yさんを叱責するときです。

Yさんがミスをすると、長らく、上司からなじられたと言います。仕事の凡ミスの話はたいがい、「だからお前は使えないんだよ」などの人格否定に終わり、心をえぐられる感覚があったそう。

それでミスがなくせるならいいのですが、そうもいきません。ミスと言われるこのことばにおののき、委縮してまた凡ミス。そしてさらに叱責という悪循環が起きていたのです。

これがつまり、Yさんはミスを重ねる「能力の低い新人」とラベルを貼られる何十歩も手前から、

――傷ついていた

と考える所以なのです。

具合の悪い日にどんな青白い顔をして出勤しようと、あいさつもなければ、「大丈夫?」の一言もない。それなのに、ささいなこと1つをミスると、鬼の首を取ったように饒舌に叱られる。

誤解なきよう強調しますが、先の旅行会社の新卒社員が「チップスとビール」を出した一件のごとく、その新人だけが「かわいそう」だなんて、まったく思いません。叱責するまわりも、なんとか「仕事に集中してもらおう」と、必死だったこともわかります。

つまり、この組織の問題は、Yさんという遅刻常習犯で「舐めた」新人、という存在をとおして、

職場のお互いが見えている世界が違う=かけているメガネが違う、という話を、Yさん個人の問題として、より管理や処罰を強化することでなんとかしようと空回りしている状態だったわけです。

弱い人が「傷つく」のではない

自分が大切にしているものを、蔑ろにされることは、「傷つき」です。教育者で哲学研究者でもある近内悠太《ちかうちゆうた》さんは『利他・ケア・傷の倫理学　私を生き直すための哲学[4]』の中で「傷」を以下のように定義しています。

大切にしているものを大切にされなかった時に起こる心の動きおよびその記憶。

そして、大切にしているものを大切にできなかった時に起こる心の動きおよびその記憶。（63頁）

自分の大切にしていることが、まるでなきものとされる傷つき。それが、人を疑心暗鬼にさせ、ひいては眠れなくなり、時に遅刻や、集中力の低下といったしくじりを露呈させる。そうしてもやもやした頭のまま、現場に立つからミスが誘発される……そんな姿があったのです。

これは、「甘え」なのか？

「仕事なのに、何が、『個人の志向性の違い』だよ！」という声も聞こえそうです。

ではなんと言えば、芋づる式に多様な人の多様な思いが交錯するこの事態で、改善しそうでしょうか。よくあるのは、

「ちゃんとしろ！」
「いい加減にしろ！」

と、叱責＋指導を徹底することですが、それは奏功しているでしょうか。これほど事態を改善する手立てのない捨てゼリフもめずらしいくらいの代物です。それぞれの人がそれぞれの合理性において、「ちゃんと」やっているのが仕事であり、社会であることは、先に述べたとおりです。

よって、この事案をまとめると、もともといわば職場の人間同士の「相性」が、たまた

まよろしくなかったという話を可視化し、**しくじりを個人の「能力」の問題に回収せず、個人を互いの期待値や最低限のルールの調整を図る**などしたわけです。

これで職場のYさん以外の面々が急激に、

「おうY、グッモーニン！」

などと言うはずもないのですが、何を職場に期待していいのか、期待すべきでないのかなどを理解してもらうことは、疑心暗鬼になって閉ざしたYさんの心をほぐしたのでした。

言えてないから癒えてない、と何度か書いてきましたが、そういうことなのです。

「傷ついたんです」

と言えることが、組織改善の第一歩なのはそういうわけなのです。

私たちの目に見えているのは、その「状態」、その時々の姿であって、それがある人の「低い能力」だなんて、おごるのもたいがいにせねばなりません。また同時に、その個人の「状態」は、職場環境との相互作用の産物であることも、忘れてはなりません。

❖　❖　❖

個人ひとりの「能力」「やる気」の問題として断定し、事態は好転するのでしょうか？

「あいつほんとけしからんよね」で、スケープゴートにされた彼はもとより、実は彼以外も、誰かしらが吊るし上げられるような職場に対して、安心感を持てるでしょうか？

そのときは逃げきれても、次いつ自分がうまくいかなくなるかなんて、無数の変数を前に誰もわかりません。それなのに、環境要因が多々ある中で、ひとりのへまが仮に目立ったとすると、すかさず、

「けしからん」

「あいつ舐めてる」
「能力低いよね」
「使えない」

との声が湧いて出ます。これは、組織をよくしようと思う人間がとるべき言動の選択肢では本来ないはずなのです。

適合的な「機能」はある

さて、この事例で加えて考えておきたいことがあります。

それは「能力」の問題ではないとして、「志向性」の違いが問題なの？　それに対して何をどうしたらいいの？　毎回勅使川原が介入するの？　といった疑問についてです。

個人に「求める能力」というものは一元的に存在しないと私は考えていますが、〈組織の行きたい方向に対して、備えておきたい「機能」〉というのはあると考えています。

それは、組織が大上段から「これからはダイバーシティ&インクルージョンだ！」と華々しく打ち上げている間に、しっかり現場で調整を行わないと、「D&I」だ「パーパス」だを、新種のおとぎ話にしてしまいます。

具体的な話を、Yさんのいる発電所警備の話に戻ってしてみましょう。

この職場は、警備会社の警備先にはショッピングモールや、病院なども ある中で、発電所の性質ゆえに、2人一組で、誰とコミュニケーションをとるでもなく、粛々と巡回するのが主なタスクでした。この環境下で仕事をきっちりやるには、で考えると、

・さみしがりや
・おしゃべり好き
・仕事って相棒とのやりとりが醍醐味でしょ?

といった志向性、仕事観を持っていると、職務遂行が環境との掛け合わせ上、難しいという話なのです。

仕事とは、いや、仕事人たるもの「こうあるべき」という絶対的な「能力」「優秀さ」というのは存在しませんが、職務・環境との適合性はよくよく見ておく必要がある、ということです（Yさんは当初考えられていた配属先からピンチヒッターで発電所勤務になったということでした）。

大事なのは、**その「機能」というのは、個人が「能力」として持っていなきゃいけないと言っているのではなく、〈組織としてそれぞれが持ち寄るもの〉として存在している**点です。

今回の発電所警備のような、ともすると命にかかわる現場の安全点検は、念には念を入れて、とにかく決められたことを決められたとおりに実行する緻密性や反復性が重用されよう。そういう環境と、たとえば、エンターテインメント業界における新規事業創出部門が求める行動は、明らかに異なるのです。

それは、個人の「能力」の話ではなくて、それぞれ言動に傾向はある者同士が、互いの穴を埋めるように、「機能」として持ち寄るということに他ならないのです。

この点を踏まえて最後にもう一度だけこの事例に戻りますが、Yさんは今回の一件で、自分のかけているメガネと周囲のかけているそれとが真逆くらいに異なるものだったことを理解し、期待値を調整しました。

さらに会社側には、できるならばYさんのような他者との親密なコミュニケーションを生きがいにするタイプは、話さなくてもいい・話さないほうがいい発電所のような現場より、ショッピングモールなどのほうが楽しめ、自身の味わいを発揮しやすいことも伝えたのでした。

大きな誤解　――個人に必要な「能力」ランキング

個人の「能力」ではなく、組織として個人同士が持ち寄りたい「機能」の存在。第2章で提示した「企業が求める人材像」のグラフを、もう一度眺めてみましょう。

むくむくとこんな気持ちが湧いてくるはずです。

――どこにこんなやついるんだ……と。

その違和感は、決してあなただけのものではないはずです。それもそのはず、私が思うに、私たちが個人の「能力」が高まることを期待していることは本当は、**〈組織として必要な機能のリスト〉**に過ぎません。そのことにまずもって気づく必要があるのです。間違っても、個人に必要な能力ランキングではないのだと。

素直な人もいれば、穿《うが》った見方で戦略的思考が得意な人もいる。明るく、コミュ力の高い人もいれば、黙って粛々と言われたことを言われたとおりきちんとできる人もいる。

大切なのは、**「ある優秀な人」がいれば、すべての「機能」をでき、組織が求める「機能」をその瞬間にうまく発揮できていないことを、簡単に「使えない人」として、個人の能力に還元して語ってはいけない**、ということです。

このランキングは決してひとりの人間の「能力」のレーダーチャートとして使ってはいけないのです。

企業が求める人材像の上位10項目

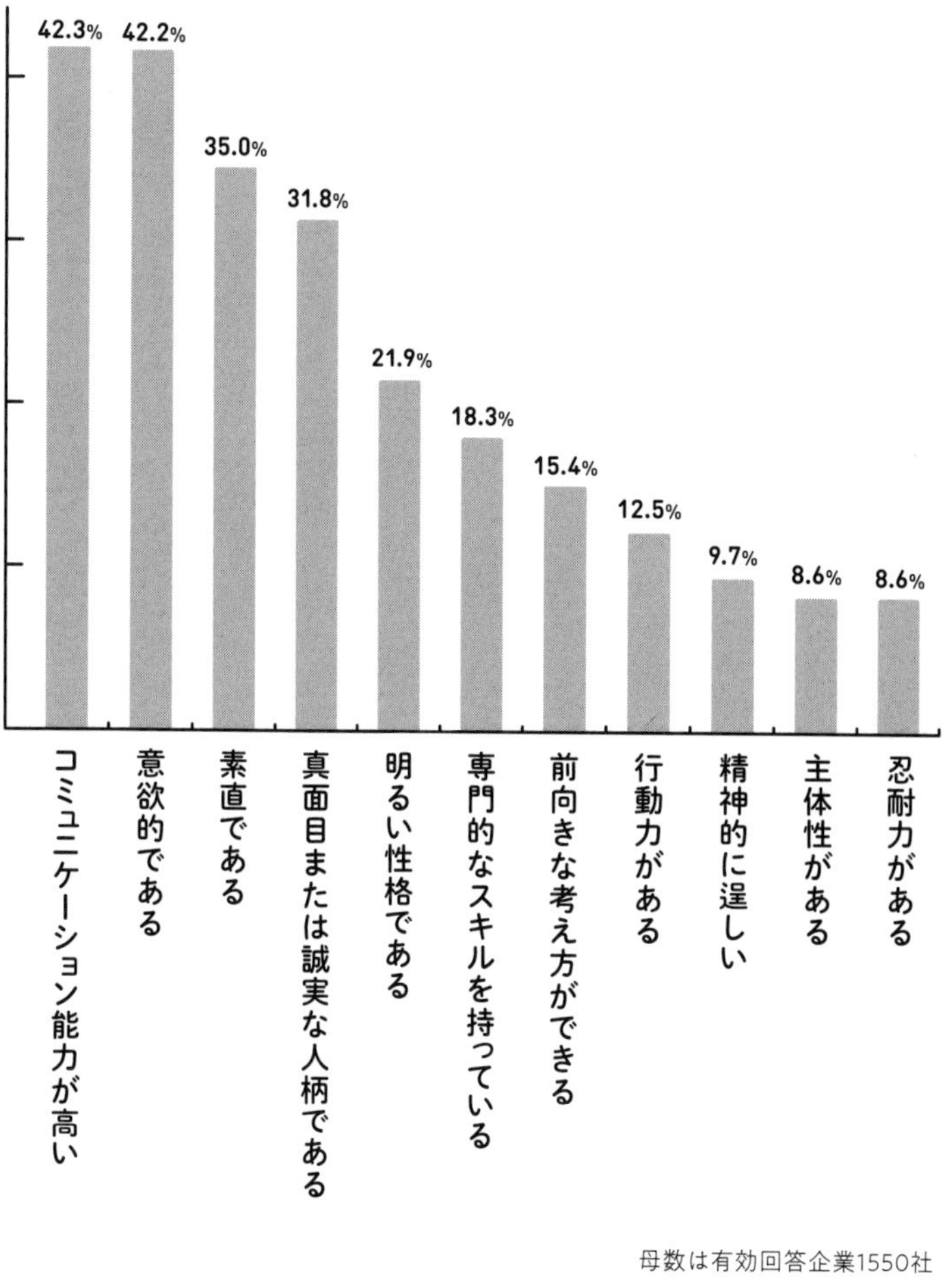

3

答えは「組み合わせ」に？

——他者比較による序列化の無効化

職場は、個人に内在した「固定的」な「能力」が動力となって回っているのではない。ましてや、「パーパス」「バリュー」「ミッション」「ウェルビーイング」……のかけ声で、回っているのでも……ないですよね。その足元で、人と人の持ち味の持ち寄り・組み合わせによってなんとか回っています。その組み合わせがうまくいっているときは、仕事も回っているのです。

逆に、その**「組み合わせ」がいまいちだと、どうなるか？**

仕事の回り方にも綻《ほころ》びが出るのは時間の問題です。

職場の問題は、ある個人が「あいつが戦力にならないから」「あの人ってほんと役に立たないから」だけではありません。そして、「パーパスじゃなくて、他のもっと『本質的な課題』の言語化が必要なんじゃないか？　ほら、アメリカでは今何が流行ってるのかね？」

なんてことでも当然ないのです。

だからといって、組織に対して、なんら偶発性に身をゆだねるほかないわけがありません。「巡り合わせ」的な偶発性は多分に影響しているものの、打てる手は打つべきでしょう。

その1つに、「組織の方向性に対して適合的な『機能』はある」との考えを、前項でお伝えしました。それはどう具体的にチューニングしていけばいいのでしょうか。

こんな事例が、イメージしやすいのではないかと思います。個人の特定を避けるため、実話に基づき創作し、解説していきます。

CASE7

❖ 20代・アパレルブランド新米店長　Oさんの場合

Oさんは、新卒である小売業界の営業職となりました。いわゆるリケジョのOさん。まわりは院に進むか、化学メーカーや食品メーカー、化粧品業界などに進む人が多かったといいますが、彼女は昔からファッションに目がなく、化学の知識を生かすというより、こだわりの品質で知られた、自分自身も大好きなアパレルブランドにあえて就職。

まさに「好きを仕事に」したのでした。

新卒入社者は誰もが入社から1年は、全国の店舗に転勤を命じられ、そこで店長として経験を積むことになっていたそうです。

Oさんは、「原因があって結果がある」そう科学の合理性を信じています。仕事も、現状を正しく分析し、必要な手を打っていれば、うまくいかないわけがない――そんな算段があったと、あとあと語っていました。

人間関係への「血のにじむような努力」

そんなOさんですが、店長として配属されて2か月ほどは、遮二無二《しゃにむに》業務に食らいつく毎日。3か月目に入ってようやく、まわりを見る、自分を俯瞰《ふかん》する余裕

が生まれたそうで。そこではたと気づいてしまったのが、

自分がお店にいるときは、部下たち同士があまりしゃべらない。
自分が戻ると、話していたのをパタっとやめる。

――ということでした。

まぁ、でもそんなものかな、と考えすぎないようにしました。というのも、新入社員研修で、「ＥＱ検査」をさせられ、物事を大局観で見て、細かいことに囚われないことが重要なのだ、イライラ、くよくよしない、「優秀な」「たくましい」「ウェルビーイング」を体現したような社員であれ、と鼓舞されたからです。

まじめなＯさんは、怒らない技術やご機嫌の作法、のような本をむさぼるように読んだと言います。

怒ってはダメ。部下の言動で気になる点はいろいろとあるが、いちいち指摘してはいけない。**傷ついた、傷つけたなんて、まさか。認めたくありません。**

職場から駆逐すべきゴミのごとく、もやもやをなかったことにして過ごす道を選びました。そうして、「アンガーマネジメント」に関する音声配信サービス「Voicy」を通勤時に聴いて、〝なるほどなるほど、仕事って修行だなぁ〟なんて思ったりしていたそう。大変だ、と口にはしながらも、そんなことに挑戦する自分が、ちょっと眩しいような気すらしていたとも言います。

そして誰もいなくなった

そんなある日、月一度の本部との会議で、Oさんは売上の落ち込みを指摘されました。

人の管理がうまくいっていないのではないか？　と問題提起されると同時に、Oさん自身の「リーダーシップ」や「コミュ力」に問題があるのでは？　と1on1で「詰められ」ました。

そうか、問題に振り回されないようにがんばってしてきたけど、売上低下という問題が起きてしまっては変えなければ、とOさん。

もっと、介入を強めよう。

そういえば本社から、「ウェルビーイング」と同時に「生産性」も評価指標にあると言われていたじゃないか――。

必死になりすぎて、自身のやってきたことは不十分だったのだと反省したOさんは、仮説に基づいて施策を打っては、振り返って、PDCAを回していこう！

そう思いついたのだそう。そこからのOさんは、プライドにも火がつき、終業時の夕礼で、こうアナウンスしました。

「この店舗の現状を明日の定例会議で報告します。そのうえで打ち手として考えられることを私のほうでまとめるので、その進捗を逐一追って、報告し合っていきましょう」と。

怒涛の日々が過ぎ、売上は今月は上向いたのですが、その矢先、あるベテランスタッフのWさんに呼び止められます。

「店長、今日の閉店後、お時間いただけませんか？　お話ししたいことが」と。

なんだろう？　新しい店舗独自の販促アイディアでも思いついたのかな。

――2時間後、Oさんは奈落の底へ突き落とされた気分になることをまだ知りません。

「あの、あと2週間で月末だと思いますが、2週間前通達で退社可能ということなので、今日お伝えします。月末で退社させてください」

その後、ベテランWさんについていきたい、と芋づる式にもう4人が一度に退職し、残った部下は新米パートたった1名になったというから大ピンチ。

Wさんは、退職日にOさんにこう告げて辞めていきました。

「店長が一生懸命なのはわかります。でも、私たち、ここが地元で、子どもを育てながら、仕事がしたいだけなんです。

毎週、改善アイディアを募集されて、その実践の進捗を確認され、多くは小言のように、さらなる改善案を店長から指摘される……こんなこと、申し訳ないですけど、したくありません。前の店長は私たちを自由に働かせてくれたなぁ、頼りになるとは言い難かったけど、今思えば、あっちのほうがよっぽど、『リーダーシップ』があったのだと思ってます。

私たちは精一杯やりました。でもこれ以上はできません、おつかれさまでした」

❖　❖　❖

Oさんが、経営やマネジメントとは何かがまったくわかっていない、「ダメ社員」だ、とか、気づかないうちに「ハラスメント」に及ぶ、ハラスメント体質の人だ、などということではありません。

部下の大量退職の「真実」

それこそ、状況の客観視などにやや時間がかかったり、思い込みの強さといった一定の傾向はあるでしょうが、それは誰にでもあるもの。それに方向づけられながら懸命に解釈・行動への落とし込みをしていただけですから。

Oさんは一生懸命でした。でも、見落としてはいけないのは、この退職を決めた社員たちも、一生懸命だった、ということです。

それなのに、自分たちのやっていることは「足りない」「それじゃダメだ」とくる日もくる日も言われると、どうでしょうか。その日々の営みにより、大いに、

――傷ついた。

ということではないでしょうか。

大量退職というエグい結果は往々にして、部下やマネジャーの「能力」の問題にされるでしょうが、能力の問題にして解決を図る以前に、ボタンの掛け違いというシンプルな事実がそこにはあるのです。

迷惑かけてやる〜と社員側もやったわけではなく、極限まで「職場の傷つき」に耐えながら、でも歩み寄りの糸口をつかみかね、退職に至ったこの事例。

がんばり屋のOさんの奮闘は続きます。

みんな「ちゃんと」やってるから、やってるのに「傷つく」

今度は、入社してくれる社員の声をもっと聞こう、ひとりでこの店舗は回せないのだから、ひとりよがりになってはいけないのだ、と。「ちゃんと」皆の持ち味の持ち寄りにせねば、と心機一転。Oさんはなんと……メンバー全員と文通大作戦をはじめたと言います!!

真面目か!!

何か戦略だの生産性だのと小難しいことを振りかざしながら、部下に有無を言わさず、組織運営や販売促進のアイディア出しを強いるのではなく、双方向的な日頃からのコミュニケーションが大事なのだ、と状況を整理したOさん。
次に**がんばる矛先を、「店舗スタッフへのラブレター」**につぎ込みました。

結果はご想像のとおりです。

まず、Oさん自身がものすごく疲れました。何せ、いきなり不慣れなことを猛烈にやっているので。かといってその手ごたえも……虚しいものがありました。というのも、現地の他の社員は、前回一気に離職したメンバーとはまた異なる人たちなわけで、今度は、エモーショナルなつながりなど何ら求めておらず、むしろ、効率的な店舗運営、生産性向上などの業務改善に非常に興味のある方々だったそうなのです。

要は、「いつもありがとう」から始まる手紙なんて、読みたくなかったのだそうです。世のなかうまくいかないものです。

人と人、人とタスクの組み合わせ

ここまで孤軍奮闘されたOさんが、「人材開発」ではなく、「組織開発」の門をたたいたのはこの頃でした。

さんざん「できる上司」を目指し、「できる部下」を育成しようとしてきたが、どうしてもうまくいかないのだと。そしていろいろと話をしながら、組織開発の全容を伝えていくうちに、Oさんは1年間の現場実習で骨身に沁みて次のことを学んだのです。

✓ 正攻法はない。同じ事業も、誰と何をどのようにやるか次第で、いかようにも進め方は変わる。変えるべきなのだ。正解を求めるのではなく、試行錯誤しながらも、事業に対して、今いるメンバーとの「関係性」を手入れしつづけることが、大きく言えば「仕事」である。

✓ 「関係性」を手入れしつづけるとはつまり、多様な個人が働く以上、「傷つき」やすいものだが、その「傷つき」を決して見て見ぬふりをせず、出し合い、ズレを小刻みに解消していくのだ、と。

迷いながらも懸命にやっていたので、いざ個人の能力論ではなく、職場の関係論的に振り返ると、実に腹落ちする指針を自ら見出したのでした。

「評価」ではなく「観察」を

個人の能力を上げることを目指す「人材開発」ではなく、組織として人とタスクの組み合わせにより、仕事を回していく「組織開発」の考えにのっとれば、組織（店舗など）の人員構成を考える立場の方、経営層には、次のようなことを特に意識してもらう必要があります。

それは、月並みな表現になりますが、個人の結果ではなく、どう行動したか？　という点をしつこく把握しつづけることです。

たとえばOさんでいうと、必ずしもいつも成果を上げたとは言えないかもしれませんが、自分なりに仮説をもって試行錯誤することを惜しまないことは明らかでした。

店舗の従業員とのコミュニケーションは、あまりスムーズではありませんでしたが、彼女は、戦略的な思考といった「機能」を発揮しやすい点は、明確な持ち味なのです。

したがって、**人事部などの人材を采配する権限のある人は、こうした個人の言動パターンといった情報こそを把握すること。これが、組織開発の具体的な任務**になります。

人材にとって必要なのは、「評価」ではなく、配置・処遇の権限を持つ人からの綿密な「観察」とも言えるわけです。

さて、Oさんがお勤めの会社の上層部は、Oさんの持ち味を改めて把握したので、後日、Oさんを販売から本部の商品戦略部に異動させる案が出ました。Oさんはもちろん打診に前向きに。持前の戦略的な思考を楽しみながら考えては、実践し、振り返り……とその後も活躍したそうです。

職務がOさんの志向性に合っていた、という点のみならず、環境的にも適合的だったように思います。地方の店舗勤務と違い、ある程度、多様なモチベーションや志向性の人が本部に集まっていたのも功を奏した一因でしょう。

「こう見えているけど、どうかな？」ではじめる対話

合う人、合わない人は当然いますが、初任地で痛いほど、人と人とのすれ違いのからくり、そのような小さな「傷つき」から生まれる組織の不協和音について、よく理解していたOさん。感情的になることもなければ、仕事を回すためにできるところまで相手に合わせてみたり、どうしてもチームとして折り合いがつかない場合には、

「組織の目指す姿に対して、今こういうふうに見えていて、もったいない状態かもしれないと考えているんだけど、どうかな？」

などと水を向けてはじめる対話に余念がなかったといいます。

生産性、効率性が叫ばれる昨今において、**互いの違いを議論の俎上にあげ、どう協力関係をつくっていくか、について話し合う対話は、決して巻いてはいけない**ことも理解し、実践を重ねました。

さらに舌を巻くのは、会社側は、商品戦略以上に、組織の競争優位の源泉になりそうな、組織づくりの極意をOさんがつかみかけていることもつぶさに把握し、人材開発部にその後異動させます。

Oさんはいつの間にか、組織開発実践者として私の同僚になったとも言えるのです！　能力ではなく、持ち味の持ち寄りによる、配置が徹底された企業の先導事例とも言えましょう。

第4章

いざ実践

「ことばじり」から社会の変革に挑む

「小さな革命」を起こす

「職場の傷つき」を当たり前にしないために、働く個人ができること、企業として必要な介入の仕方について、生々しいエピソードとともに解説してきました。

とはいえ、組織開発をしてきた身ながら思います。

――職場に、相当な理解がないとできないと思うんですが！

と喉元まで出かかっている方も少なくないのではないかと。

気持ちはわかります。しかし、ここが悩ましくて、これは鶏が先か卵が先か、のような議論なのです。

地道な組織開発的実践があちこちで見られるようになることで、マジョリティ（多数派）

の価値観がトランスフォームすることを見守るのか？

はたまた、声の大きなマジョリティ側の価値観の問題点をこちらも負けずに声高に突き、その潮流を作ったうえで、処々に実践を落とし込んで広めていくのか？

などと順番を考えがちですが、現実は合わせ技と言いますか、上から下からの挟み込みしか「小さな革命」になり得ないのだと考えます。

よって本書も、この挟み込み方式で、社会に、ひいては現場の実践に揺さぶりをかけていけたらと目論みます。実践という足元を前章で述べたので、最後に、社会の空気感や雰囲気のようなものがいかなる方向へ変わる必要があるか、についても明示的に訴えて稿を閉じたいと思います。

1 「成果とは何か？」を議論するときが来た

事業の目標というのは平たくいうと、その組織が〝何をやろうとしているのか？〟ということだと、述べてきました。

繰り返しになりますが、それを行うのは、一部の「できる人」「優秀な人」だけでは毛頭ありません。

✓ **今どんな人がいて、どんな「機能」を持ち寄り、目標に近づくことができそうか？**
✓ **逆に、どの「機能」は担える人が見当たらず、穴ができていそうか？**
✓ **それを繕《つくろ》うには、その「機能」を外から探すのか？**
✓ **今いる人員の中で、「機能」を拡張させられそうな人がいないかどうか？**

これらに日々目をこらし、観察を怠ることなく、業務分担を即興的に回していくのが、仕事です。

どんな世界を見に行こうとしているのか？

「求める人材像」とか「望ましい組織風土」などと言って絵空事を描くことより、今いるメンバーにどんな持ち味という名の「機能」が発揮されているのか？　ありものをそのまままとらえることは、何はなくとも最重要な姿勢とも言えます。

ただし、ここでクリアにしておきたいのは、〈どんな「機能」が必要か？〉は〈何を成し遂げようとしているのか（仕事の「成果」）？〉次第だということです。

発電所の警備業務の「成果」を粛々と黙々と規則を遵守した巡回に置くのなら、社交性や臨機応変さは雑音になる可能性があります。逆に、顧客の課題を発見し、解決策を提案し、信頼を勝ち取りつづけていくことをコンサルティング営業の「成果」と定義するならば、他人に興味がない人では厳しいわけです。

「優秀な人」と「使えないやつ」幻想

しかしながら、組織開発に入らせていただいて出くわすのは、

・「優秀」な人を採用しないと……
・「使えない」社員が多くて結局自分がやっている……

このように話す経営者や人事責任者であることが少なくありません。

自分たちが何を成し遂げようとしているのか？　事業の価値、仕事の「成果」の定義なしに、万能という意味の「優秀」や、その組織のトップにとって都合がいい＝「使える」社員を探し続けている人が後を絶たないのです。

その人その人が発揮しやすい「機能」の組み合わせを考えるとは、仕事の「成果」の定義が不明瞭なままでは不可能なのです。

仕事の「成果」

＝

誰と × 何を × どのようにやるか

仕事の「成果」＝誰と×何を×どのようにやるか

これが三位一体、噛み合ったときに、求める「成果」、思い描く事業が回っていきます。

個人の万能化ではない

デンマーク発祥のLEGOブロックを考えてみてもいいでしょう。仕事の「成果」とは、LEGOブロックで、

何をつくろうか？

組織は集合体として、どんな形にもなれる。

に匹敵します。

見たこともない巨大な海賊船や、バッキンガム宮殿そっくりの巨大建造物。日本人唯一のLEGO認定プロビルダーがつくった「神奈川沖浪裏」（葛飾北斎）なんてもう、圧巻です。壮大な作品も、それを積み上げるのにふさわしい、多様なブロックを集め、特徴を把握することからしか成し得ません。1つの大きな「すごい」ブロックがあるのではありません。1つひとつは、

・色
・形
・大きさ

てんでばらばらですが、それゆえ、組み合わせることが可能な、集合体なのです。

しかし、今組織で起きているのは、何を作るか？　そのために必要なのは？　を突き詰めることなく、むしろ、組み合わせてなんぼのちっぽけな1つのピースに対して、

「君は人々をあっと言わせる船になれないね」
「あの人はバッキンガム宮殿にもう見えてるのにね」

なんて言って、組み合わせる前に、個人（＝1ピース）をジャッジする（良し悪しをつける、評価する）ことが横行していないでしょうか。

工夫するのは個人の万能化ではなく、誰だって一長一短ある未完成の1ピースなのだから、それをいかに組み合わせるか？　ということなのです。

間違っても、1ピース自体を、小さな船にすることに躍起になって、組み合わせて開花していくであろうピースを邪険に扱い、「傷つける」なんて勘弁いただきたいのです。

あなたの会社は、あなたの部署は、あなたのチームは……メンバーが寄り集まって、何をつくろうとしているのでしょうか。

つくる、と言ってもメーカーに限った話ではありません。

どんな壮大な景色を、皆で見に行こうとしていますか？

個人の「優秀さ」「強さ」にとらわれていることをまずは自覚したいものです。

能力主義のまま「職場の傷つき」に対処しようとも、「乗り越えられなかった人」「弱い人」として辺縁に追いやることでしかないからです。そして個人をそう追い込んだ人を「パワハラ」と言って、それも「わかってない人」として周縁に追いやる。そこで、一体何が解決したのでしょうか。

「人材開発」から「組織開発」？　にも落とし穴が

このことは、個人主義的な人間観の限界を強烈に匂わせます。

しかしだからと言って、

「よっしゃこれからは『組織開発』だ！」
「やっぱ『関係性』だよねー」

との声も私の体感では昨今特に聞こえてくるのですが、ここをも自己を俯瞰《ふかん》してとらえる必要があります。

なぜなら、その**「組織開発」にも、一元的に目指すべきものとして何かが語られ、組織の良し悪しをそれでつけられてしまう限りにおいて、個人の能力主義の進化版に過ぎなくなってしまう**からです。

人材開発はその名のとおり、「人をよりよくする」ことを使命としてきました。「よりよい」とは簡単に言えば、「能力を上げる」「優秀にする」ということです。そのために、まずは現状のあなたの「能力」を測り、それを周囲の同僚その他と比較してみたり、同業他社の同年代の人と比較してみたり……そして序列づけ、「分け合い」のロジックとしてしたり顔。

しかし、それによって生み出されたものは、勝者が手放せない優越感、敗者とされる人の禍根、結果的に際限なくつづく競争、といった虚しき社会の現状を示してきました。

この様相を単純に「問題」と見なし、裏返そうとすると、「排除をなくそう」「インクルージョンだ」と叫ぶことになります。

ですが、「ウェルビーイング」「人的資本」……は素敵な響きがしますが、具体的に何をどうすればいいのでしょうか？

「排除・差別はやめよう」「みんな違ってみんないい」なんて耳に心地のよいことを言いながら、幻の個人の「能力（できる・できない）」による序列化やそれに伴う排除がいかに「正当化」されてきたでしょうか。それらを踏まえた、社会構造的な瓦解策が練られ、地道な実践は、どれほどなされてきているでしょうか。

能力主義によって「職場の傷つき」をより、忌避《きひ》すべき無能の証かのごとく、周縁に追いやっているのは誰でしょうか。人材はさらなる金を生み出す資本なんだよ、なんて言って、口を塞《ふさ》がれてきた「職場の傷つき」を表立ってケアできるでしょうか。

人材開発より組織開発！と熱く語られ出している今こそ、本書は沈着冷静であろうとしています。

お伝えのとおり、**個人の「職場の傷つき」を組織の課題として、棚卸しし、その人と人とのすれ違いの構造を紐解き、適切に手当《ケア》てしない限り、「できない人」のレッテル貼りや排除は、いろいろな人の身に、代わるがわる起こってしまう**からです。

2 何を、どう、取り組むのか？

では人と人、人とタスクの組み合わせを、組織の方向性に沿って考え、試行錯誤していく組織開発。この基本概念である、〝みんなで仕事を回す〟とはどういうことか？話が抽象的になりすぎないよう、手を動かしていただきながら、エッセンスを抽出し、まとめていきましょう。

人と職務の組み合わせ演習

仕事の「成果」＝誰と × 何を × どのようにやるか

Q：あなたの組織（2人以上の人が集まってある目的に向かって活動すること）は今、何を、やろうとしているのか？

A：（例：自社のリソースを活用しながらも、既存事業とは異なるサービスを新規開発する。）

Q：今いるメンバーが持ち寄っている「機能」は何か？

A：（例：自社の既存事業に詳しい、慎重なタイプ、粛々と決まったことを成し遂げる……など。）

Q：やろうとしていることに対して、どのくらい適合的か？

A：（例：思い切って新しいことを発想する、アクセルを踏んで突破する、社内ネットワークを活用して、アイディアを周知、推進していく「機能」が不足しているかもしれない。）

Q：今すぐ変えられる点はどこか？（人？ タスク？ 声かけ？）

A：（例：すぐに増員は無理であっても、自分たち自身で、前例踏襲に思考がしばられやすいことを自覚し、議論の際に意識的に「今アクセルを踏むとしたら何が考えられるか？」「リスクにとらわれすぎていないか？」と問いかけることにする。）

お気づきのとおり、組み合わせを前提としているので、誰かを逸脱事例としてはじき出そうとも、メンタル不調として休職という戦線離脱をすすめようとも思っていません。

❖ ❖ ❖

大事なことなので繰り返します。

今いる人を取りこぼさず、活かすことが大前提で、試行錯誤するのが組織開発です。

ゆえに、中小零細企業との親和性が高いのかもしれません。

社員20名の中小企業で「フェルミ推定」

昨今叫ばれる人手不足の問題も、組織開発の可能性は、開けていると感じます。

人となりを断定するわけでも、他者比較のうえ、序列化して「優秀な人」だけを「選抜」しようとするわけではありませんから。

しかし、**あるあるなのが、大企業が行っている「パーパス経営」だ、「ジョブ型」だ、「ウェルビーイング経営」だ、というかけ声を、中小零細企業も、そのまま導入しようとしてしまう**ことです。

まったく異なる経営環境、抱えている人材規模なのに、大企業の施策こそが先端事例なのだと思い込んで、似たことを実行、空中分解するケースが散見されるのです。

とある二代目社長率いる社員20名規模のデザイン会社の採用試験で、当時大流行していた「**フェルミ推定**」を実施したそう。その際の社長の一言が秀逸です——。

「**Googleで必ずやってるからね！**」

十何万人の社員を束ねるうえで必要なことと、人を「選ぶ」なんて状況になく、今いる人の組み合わせによって組織力（＃社員の能力）最大化を目指さなきゃいけないところとでは、まるで違います。

どうか、自社の今の姿、身の丈に合った試行錯誤を、繰り出しましょう。それが、優劣なき組織開発なのですから。

大企業がやっていることを正攻法だと信じたい気持ちが捨てきれないことこそ、自己の中に眠っている能力主義が疼いているのかもしれません。「大きいことはよいことだ」的な、大小・強弱・長短……つねに前者が「優れている」と思っている価値観がベースには横たわっているのだと、自分で自分にツッコミを入れてもよいでしょう。

「組織開発って、個人を見るんですね」

先般、産業カウンセリング協会の方々とお話しする機会がありました。そこで、まさに本書のような話をさせていただいたのですが、最後に非常に興味深いお声をいただきました。それは、

「組織開発と聞くと、組織に対して何かするんだ、ってことはわかるんですが、正直何をどこからやるのかわかりませんでした。

でも勅使川原さんの組織開発の話を聞いて、組織開発というのは、個人に良し悪しはつ

けないけども、「持ち味」と呼ばれる意味ではよくよく個人を観察したうえで、個人と個人、個人と仕事の組み合わせを延々とやっていく、そういうことなのだと初めてわかった気がします。

つまり、**組織に対して働きかけるとは、やはり最終的には個人に対して丁寧に働きかけるということ**、なのですね」

と言われて、我が意を得たり、という気持ちがしました。

「わかりやすさ」がすべてではない

「人材開発」が個人をよくする発想にあるとして、いつも組織開発と対比して示していたのですが、かといって、**「組織」だ「関係性」だと言い過ぎても、多くの人にとっては、個人よりもなお、もやもやと捉えどころのない話になってしまう**のだと、再認識させられました。

いずれにせよ、私たちというのは、わかりやすいものが大好きと言いますか、わかるものしかわからないので仕方がない、と言いますか、とにかく通りのよいロジックを好みます。

ただ、わかりやすいものと、組織にとって必要な取り組みというのは、必ずしも一致しないことを肝に銘じておきたいものです。

何事もそうですが、何かを得ることは、何かを失っていることにほかならず、わかりやすさに盲進することで、意外と捨象している側面がないか、という問いは欠かせません。

「持ち味」とは言うけれど

そのうえで、個人の「持ち味」（≠「能力」）は、どうわかるのか？　これについては、これまでみなさんの組織でおそらく蓄積されている、人事データ（パフォーマンスのような評価ではなく）は、良し悪しさえつけなければ、意味のないものではありません。

たとえば**入社時に受検させたであろう「適性検査」の結果が、眠っていないでしょうか。**

「SPI」[1]や「玉手箱」などが測定している「外向性」「内向性」といった基本的な人の特

徴は、人と人や人と業務を組み合わせる際の、ヒントになります。

新卒一括採用の慣習により、人の選別・選抜に、個人の言動パターンなどの「持ち味」情報が使われてしまうのですが、本当は人と人や人とタスクを「組み合わせる」ために、使われてこそです。

他にも、形骸化しかけている「ストレスチェック」の結果もヒントになります。高ストレス者＝弱い、などの短絡的なジャッジは禁忌ですが、

・職場で何らかの組み合わせの不整合が出ている

というサインであることはほぼ間違いありません。他の質問項目を見ていくと、

・自分には難しすぎると感じる業務をやらされている、と思っている
・職場の協力体制に不備がある、と思っている

など、ストレスの要因と考えられそうな〈仮説〉が転がっているので、私が組織開発に

入る際は、（少ない会社でやるだけやって、放っておかれていますが……）必ず、結果を参照させていただいています。

ポイントはそこから、対話の糸口を見つけて、環境調整に動けるかどうかです。1on1だ、対話だ、と今熱心にされている組織は少なくありません。どうかそこでの話題は、

・自分たちは何を成し遂げようとしているのか？
・そのために今、どういう持ち味の持ち寄りが起きているか？
・噛み合わせの悪いところはあるか？
・それは組み合わせでどこまで変えていけそうか？
・自席に戻ってすぐに取り組めること、中長期的に目指すことは何か？

などをしつこく、扱っていってほしいと思います。

ちなみにこういうミーティングを、タイパや生産性を意識して、「15分区切りで実施しましょう！」なんていう方針をもっともらしく打ち立てている組織にもしばしば出くわしま

すが、ちょっとそれは厳しいと思います。

巻いてはいけない時間と巻くべき時間と、世のなかにはあるのではないでしょうか。関係性が職場のすべてと言っても、過言ではありません。どうか、肝心要のところで消化不良を起こさぬよう、進めてみてほしく思います。

「大きなことば」たちの正体

「タイパ」や「生産性」など、仕事には不可欠な訴求ポイントだと思ったのに……という方もいらっしゃるでしょう。否定せねばならぬ点があるのは、私が天邪鬼《あまのじゃく》で流行りのことばをことごとくなぎ倒そうとしているから、では必ずしもありません。

流布していることばは、おおよそわかりやすく人を惹きつけるものになっていますが、だからといって、意味合いが偏在していたり、思いの外視野狭窄していたりするケースも散在するため、留意が必要と考えているのです。

「多様性」なんてことばも、「大きなことば」です。「多様性」があったほうがいいに決まっている――このくらいのコンセンサスになっているように思いますが、その一方で、そんなに希求するようなものなのか？という問いもあってもいいのではないでしょうか。

「多様性」「包摂」「共生」をありがたがるより、まず気づくべきは、元来、何もなければ十分に私たちは「多様」で、もうすでにここに共に生きているという点です。

わざわざ「包摂」「共生」なんて呼ぶ前から本当はしてきているのです。

逆に何事なのでしょうね、「排除」「競争」が進む社会というのは。それを進めておいて、『多様性』だよね〜これからは」なんて白々しくて仕方ないのですが。

何かを訴求する前に、なぜ今それを考え直さねばならぬほど、失われてしまったのか？何がそれを阻害しているのか？――ここに着眼することこそ肝要だと、改めて感じます。

何かあると、「何かが足りないから起きたんだ。欠陥を埋めるべく、新たに手に入れなきゃ」と考えがちなのですが、デフォルトの人間観が違うのではないのかな？と思います。

すでに有ります。在ります。

また、私がこうして「関係性」だと熱弁をふるうことそのものにも、落とし穴があるので気をつけねばなりません。「関係性」を叫べば叫ぶほどに、「関係性がつくれることが良い、つくれないのは悪」という単純化がまたもや起き得るからです。しかしこれは先の「コミュ力」の話ではないですが、ひとりががんばることでも、優秀な人だけができることでもなんでもありません。

むしろ、子どもの頃から何らかの「傷つき」を抱え、それを表明することもできず生きてきた多くの人にとって、他者との出会いは、決してはなから「信頼」できるものではないと考えます。

精神科看護の第一人者である小瀬古伸幸《こせこのぶゆき》さんは、「関係性の始まりは『警戒』です」と仰っています。「警戒→疑心→親和→信用→信頼」と徐々に徐々に、進んでいくのだと。[2] 組織内の関係性構築を見てきた者としても、非常に納得感のある知見だと感じます。

3 「成功」と「能力」をつなげて語らないという新作法

「これからの社会を生き抜くための〇〇力」

このような言説は枚挙にいとまがないばかりか、消え去る気配もありません。

この論法は、マトリョーシカのように、根本的にはなんら形を変えていないのに、問題の語り口、見せ方をだけを変えて、社会のあらゆる組織単位に見られます。

・これからの企業の生き残りをかけた競争優位としての「人的資本経営」（企業において）
・社会で活躍するための「〇〇力」をつける大学（高等教育機関において）
・子どもの学力の基盤は幼児期からの「〇〇力」にある（家庭・幼児教育において）

この多くは、社会で力がある側の人が、自分がうまくやってこれたのは、この能力があったからです、と言わんばかりに、その「〇〇力獲得」を提唱しています。

しかしそれ自体どうなんでしょうか。あなたが、私が仮にうまくいったのは、自分の「能力」のおかげなのでしょうか？

多分に運が影響していないでしょうか。まわりとあなた・私との凸凹の組み合わせが、非常に運よく、うまいこと絡み合っていたのではないでしょうか。あなたが、私が苦手だったり、できればやりたくないことを、「いいよー」とやってくれた人がいたから、助かったのではないでしょうか。

もっとも、**「うまくいく」とは、「役に立つ」人間であることなのでしょうか？**

「早期教育」じゃなくて「生活リズム」？

先日ある全国紙において、早期教育の是非を問う特集内で、「学力偏重より『生活リズム』が大切」と語る、小児科医の記事が出ていました。[3]

私は慎重に読み進めました。
「学力」一辺倒でないことはわかりますが、「生活リズム」というものを「唯一解」のごとく提唱すれば、それもまた、『「生活リズム」が整っていないのはダメ』と表裏一体となり、それは「学力」ということばが「生活リズム」という新しい尺度に置き換わっただけ。一元的な正しさに捉われ、排他的な能力主義そのものに他ならないからです。

ここまでの話を振り返るに、「職場の傷つき」は、ハラスメントやメンタル不調に至らないまでも、多々あります。逆に言えば、それらのような問題として表出する以前に、必ず「傷つき」があるのです。この極端な例、かつ、個人を糾弾できるロジックが整った場合、「傷つき」はやっと問題にされる、というからくりを見てきました。

社会、企業、教育、家庭……あらゆる組織の「問題」の背後に、個人の「傷つき」がある。それをなかったことにして、組織の問題解決、なんてしようがない。

誰から、変わるのか？

では何をどこから、変えていけそうでしょうか。

まずは学校教育でしょうか？
いやいや、社会の最小単位としての家庭でしょうか？
やっぱり経済の震源である企業、それも大企業からじゃないの？

いろいろな意見が湧き出てきそうです。
本書はそれについて、月並みですが、「**どれも重要で必要**」との立場をとります。ひねりがなくて恐縮です。

しかし、事実です。強いて言うなら現状の社会経済システムを鑑《かんが》みて、私は大企業に期待しています。輩出すべき「優秀」な人を定義・提唱する力が現にありますから。教育は社会で「役に立つ」人を輩出する使命を負ってますから。企業の人間観、能力観の変容を引き続き見守りたく思います。

ちなみに本書は「職場」を入口にしてきましたが、お気づきのとおり、2人以上の人間が、目的をもって集えば、それは学校も家庭もパートナーシップも、組織ですから。

ゆえに、教育だけ治外法権なんてことはあり得ません。「虐待」「いじめ」「不適切事例」などと呼ばないまでも学校／家庭教育で「傷つく」ことは多々あり、「虐待」や「いじめ」の前段には、必ず個人の「傷つき」があることは間違いありません。

だとして、私たちが身近なところで、何ができるのか？

先に述べてきたとおり、

✓ 個人の見え方は今の「状態」に過ぎないという前提を持つこと
✓ 発揮しやすい「機能」の持ち寄りを考えること
✓ 組み合わせ（関係性）を調整しつづけること

これをまずは忘れないでいたいところです。完成、はどこまでもしません。その組織が解散するまで、絶えず、微調整がつづきます。

「ことばじり」から社会の変革に挑む

途方もないようですが、千里の道も一歩から。真理の探究とはそういうものなのでしょう。ただ、真理と言って、高尚なもののように眺め、愛でていても仕方ありませんから、

「ことばじり」から変えていく

――そんな草の根的活動を私はおすすめしています。

「関係性」「組織を開発する」などの大きな話は、「ことばじり」を変えていくことから、小さな一歩を誰しも踏み出せるのだと、考えるのです。

この「ことばじり」ということばですが、ここから先は、巨人の肩の上に立たせていただいて、「言語実践」と言い換えて、締めに入っていきましょう。

真理に終わらず、いざ実践

アメリカの哲学者、リチャード・ローティは、『偶然性・アイロニー・連帯』[4]（2000年岩波書店）の中で、哲学の役割は、永久に答えの出ないような小難しい話を考えるのではなく、人と人の間で交わされる具体的なことばづかいをつぶさに見つめることだとしています。

哲学者が熟考を重ねて「発見」した、「本当の意味」「真理」なるものの価値を相対化したとも言えるのですが、拙論においても、非常に示唆深く、刺激を受ける次第です。

能力主義を批判し、関係性を説いたところで、それが「本当の意味」「これが答え」なのだと自ら吹聴しては元も子もないのです。

関係性が大事なのだとして、では、どんな「ことばづかい」から組織開発を始めることが可能でしょうか？

最後にここを明文化します。

評価より謝意

これまでの、能力主義を基盤にした人材開発は、「すごい人」「優秀な人」を発掘し、他者比較のうえ選抜、絶えず評価の序列化をすることで、個人に無限の競争プレッシャーをかけ、努力を強いてきました。その闘いに敗れた人は、残念ながら戦線離脱の排除を正当化されてきました。

この「評価」に基づく「選抜・抜擢」の人材開発は、簡単に言えば、

誰のことは「褒める（評価する）」に値するか？

という問いが跋扈《ばっこ》している世界観だったとも言えます。

現にクライアントとお話ししていると、しばしば、

「あいつのことなんて、褒める点は何もない。よく褒めて伸ばせとか言いますけど、本当に何もないんですよ。できていないことだらけで。なので私は褒めませんよ、決して」

などとおっしゃる方に出くわします。まぁいいでしょう、百歩譲ってそう見えているのだとして、私はこうお伝えします。

「褒めなくていいですよ。でも、その方がいなかったら、困りますよね？

今やってもらっている野暮な仕事を、全部○○さんがやらなきゃいけなくなるんですもん。褒める点なんてない、とおっしゃるなら、褒めなくていい。

でも、いてくれて助かってるんですから、これは言いましょうよ。『ありがとね』と」

つまり、**謝意の表明が、個人の「傷つき」をなきものとしない組織開発の第一歩なのです。**

一度やってみると、想像以上に関係性が好転することに気づき、「ありがとう」マジックを常用する方は少なくないのですが、先日おもしろいなぁと思ったのは、ある学生の方々がこのことに自ら気づきを得る瞬間を見せていただいたことです。

兵庫県立大学環境人間学部教授の竹端寛《たけばたひろし》さんとご縁があって、「ライフデザイン論」という授業での「能力主義」についてのディスカッションにゲストスピーカーとして参加させていただいたときのこと。授業のまとめレポートに、

「『能力評価』が社会には必要だと思って自分もやってきたが、必要なのは『評価』ではなく『感謝』なんじゃないかと思った」

とあり、目から鱗《うろこ》が落ちました。それです、それ。

「いてくれてありがとね」なのです。ひとりのできる範囲は絶対的に限りがあるのですから。誰かの下支えあってのことなのです。その点が蔑《ないがし》ろにされているときに起こるのが、

「傷つき」

とも言えるわけです。

先の褒めたくない持論をお持ちのクライアントで言えば、そう言われてしまっている方も、存在そのものを否定されているような気がして、「傷ついて」いますし、発言されているご本人も、「結局自分がたくさんやることになっていてつらい」という無力感のような、それが蓄積しての怒りや焦り、すなわちは「傷つき」があるのでしょう。

みんながみんな、それぞれの立場で、その存在に感謝、ないしは承認が得られていないと、どうしたってギスギスしてくるのです。昨今よく叫ばれ、若干コモディティ化してきているとも言える、「職場の心理的安全性」も、何から始めるか?がよく問われますが、私は今の話の点だと思っています。つまり、

「いてくれてありがとね」

で、始めるのです。声の大きい人だけが偉いのでもなんでもなく、職場にいるメンバーの持ち味の持ち寄りあって、なんとか回ってるね!ということをセレブレート（お祝い）していいのです。

そういう会を、多少こそばゆくとも、会議の冒頭10分に必ずつける、など、工夫して実

践していくことは不可欠と考えます。「ありがとね」から始める組織開発。とてもシンプルで、抜群の組織風土変革可能性を秘めています。

結局そんなことかよー

とおっしゃりたい気持ちの方もいるでしょうが、どれほど自分自身が、「ありがとね」と言えているか、ちょっと振り返ってみてください。

逆に、職場も家庭も学校も、ありとあらゆる組織に対する自分の不満は、たった一言、「ありがとね」と言ってもらえないことで、案外起きていないか？　考えてみてくださるとうれしいです。

あの人にはあれが足りない、この人にはこれが足りない、上司のあれがいまいちだ、あの人の仕事ぶりが残念などと、**他者をジャッジする前に、謝意。**そんなちっぽけなことじゃなくてもっと高尚な提案をくれ、と思うならなおのこと、いかほどやれているか？　自省しましょう。もちろん私も七転び八起き、この実践と今も向き合っています。

「職場でできたかさぶた」のこれから

ここまで長らくお付き合いくださり、本当にありがとうございます。

本書を貫く「傷」というテーマ。職場に限らず「傷」への着目は、社会全体を再評価する流れの中で、さまざまな領域でなされている向きがあるように感じています。

謝意から始める組織開発とあわせて、**個人の「傷」といかにして社会が向き合うのか。**先達の声に学びたいと思います。

過日、あるイベントで対談させていただいた、ケア哲学の大阪大学人間科学研究科教授の村上靖彦《むらかみやすひこ》さんの『傷の哲学、レヴィナス』[5]（2023年　河出書房新社）のこの記述にはっとさせられると同時に、組織開発の全体像そのものにも通じる叡智《えいち》と受け取りました。少し長いですが、レヴィナスそのもののことばをまず引用します。

他者を尊重しつつ認めるとは、所有された世界を通してしかし同時に贈与によって共同体と普遍性を創設しながら、その人に到達することだ。
他者との関係は世界の外で生じるわけではなく、所有された世界に異議申し立てをする。他者との関係すなわち超越は、〈他者〉に向けて世界を語ることだ。しかし言語は共有を成就する。そしてこの共有は所有へと送り返され、経済を前提とする。

それを受けて村上さんは、こう迫るのです。

まず社会から排除された他者と出会う地平を設定すること、これがレヴィナスの問いだったと今の筆者は考えている。しかし、真に困窮している人は助けを求めることができない。助けを求めることができない人がいるという現実社会の条件を前にしたときに、それは他者の「悲惨さと高さ」という姿をとるのだろう。ＳＯＳを自ら出すことができない人の潜在的なＳＯＳを聴きとることができるのかどうか、出会うことができない人と出会いうるのかどうか、という問いをレヴィナスは立てているのだ。
（P.256—257）

「顔」や「悲惨さと高さ」の解説は村上さんの御高著に委ねるとして、要するに、**経済合**

理性の中で口を塞《ふさ》がれる個人の存在。その声なき声に気づき、世界を共有すること。

これこそが、資本主義社会で仮にも「勝者」とされる人の所作、たしなみなのではないか。ノブレス・オブリージュをいかに体現するか、という話にも換言できるのです。

あえて平易にいえば、人を助ける、とか、ともに生きる、などという美辞麗句の実践は、「傷つき」「傷つけ」やすい人間を前提にし、見ないふり、聞かないふりをしないことからしか始められないのだと、考えます。

村上さんは自身の専門であるケアの領域（貧困や医療現場などのフィールドワークを通じたもの）から述べていますが、これは、**職場という領域でも存在している「傷」の構造**そのものなのだと考えます。

公助のあり方を考えることは、「高さ」があると認識している側が、プロアクティブに、声なき声を拾っていくこと。これが、「傷つき」を誰かに押しつけておいて、「しあわせ」「やさしい」「安全な」社会だなんて吹聴することを、社会構造的に許さず、しかと手当《ケア》てしていくことなのです。

私はこれからも、声なき声を拾い、議論の俎上に載せていこうと思っています。ひいては、**「傷つき」からはじめる組織開発**の仲間が増え、真のインクルージョンを職場で実践していくことを切に願っています。

必要なのはさらなる「強さ」ではなく

もう1つ、先達から学ぼうと思います。坂上香さんの『プリズン・サークル』[6]（2022年 岩波書店）が話題になりました。
日本で初めて、ある刑務所への長期取材をもとに、反省、贖罪《しょくざい》のプロセスを相互作用的に車座対話の実践で見出すプロセスを描いた大作ですが、こちらも「傷」を理解するうえでも非常に重要な示唆に満ちています。

傷を見つけることが大切だ。見つめて、認めるには勇気がいる。傷は、あなたに方向を指し示す。出発点を示す。膿んだところは外気にさらされなければならない。膿を出し切らねばならない。いつだって覚えていてほしい、傷が治った後の皮膚は、普通の肌より強いのだ。もし、傷を清め、癒そうとするならあなたはもっと強くなる。
その傷よりも大きく成長できる。

（『プリズン・サークル』坂上香）

企業をはじめとする組織内のトラブルは事案となる何歩も手前で、必ず個人の「傷つき」があると言いました。

このことは実は、犯罪や自死といったある種の逸脱においても同様と考えます。「傷」をなかったことにして、自己を受け入れるも、成長させる（更生させる）も何もないのです。

「傷」のあとの皮膚が強くなるかどうかは、私は知識も興味もありません。**前を向いて歩くためには、さらなる「強さ」が必要なのではない、必要なのは、「弱さ」との真正面からの対峙**ではないでしょうか。

「弱さ」なら、ヘンな話、誰にでもあります。誰もが、問題解決の当事者、主導者に本来はなれるはずなのです。「傷」は出発点なのです。

……と、だいぶ、あわい話をしていると思います。

でも、世界はわかりやすいものばかりではありません。だからこのくらいあわいものを、「は？　それってあなたの感想ですよね？」なんて言っている場合ではありません。

ずいぶんと市民権を得たこのことばですが、「職場」全体の空気感を、相当な不祥事になるまで問題にできないこととつながっていると考えます。

「客観的な」「エビデンス」はあるのか？　が職場で踏むべき「正しい」手続きかのように思われているきらいがありますが、それにより、はっきりしていない、ゆく川の流れのごとく渦中にある組織的な状態を、「現在進行形ではアテにならない」と一蹴するのは、危険すぎます。

わかりやすいものしか問題として認定しないなんて、わかりやすくなるまで悪化を待つことに他ならないのですから。

能力の低い人に起きている「悲惨」なこととしての「傷つき」。

それを能力の高いとされる人は、他人事として「高み」から見て見ぬふりをする——。

「職場の傷つき」は、加熱する知識社会における企業の経営戦略の先鋭化と、人材開発の波で、無法地帯になっていないでしょうか。私はそう問いかけずして、次世代にこの社会を継いでいくことが憚《はばか》られます。

また同時に、構造的な問題を解き明かすことは非常に大事な営みだともちろん信じてやってきた一方で、それだけではみなさんの明日からの活力にはなりきらないとも思っています。

できる限り、メカニズムの提示とともに、それがどういう声かけ（言語実践）で日常的に挑戦できるのか？　この点についても、少々うざったかったかもしれませんが、記すことに努めてきたつもりです。

「職場の傷つき」をなかったことにしない、組織開発の肝は、

✓ 良し悪しや序列なき個人をつぶさに見ること
✓「ことばじり」から変えて、環境調整を行うこと

です。

「ちょっとすいません、それはないと思うんですが……キツいですそれ」

「え？　今驚いてしまっているんですけど、え？　どういうことでしょうか？」

など、言えたら。かけているめがねが違うことに気づいた瞬間から、問いを重ね合っていけたら、どんなに違うでしょうか。「誰が悪いのか？」では埒《らち》があきません。

「メンバーの1人が、まっすぐがんばっていいのかわからなくなってしまっている。自分たち全体としてどこをどう振り返ろうか？　無理があったのではないか？

みんながＬＥＧＯブロックのように組み合わさって、もっと壮大ないい景色を見に行けるように改善できる点はしよう」

——こうあってほしいのです。誰かだけの問題もなければ、ましてや誰かひとりの「能力」の問題ということはないのです。

「人の本質」などと二度と言わない

最後に、本書の含意について、少し視座を意図的に高めて、語っておきましょう。

今ここで起きていることなのに、「職場の傷つき」なんて避けてとおるべきものとし、耳に心地のよい大きなことばたち――「パーパス経営」「ウェルビーイング経営」「1 on 1」「人的資本経営」などなど――を、称揚することが本当に救いになるのだろうか？　これが本書に通底した問いです。

これは、物事や、特に人の「本質」と呼ばれる話と切り離せません。

能力主義も、社会資源の配分原理として、個人の「本質」をいかに「客観的」「科学的」に可視化し、他者比較という名の監視を経て、納得性を高めていくか？　という壮大な社会秩序形成の装置であったことを語ってきました。

ただ、その「人の本質」「あの人の能力」「本当の私」といくら言ったところで、良し悪しある断定、比較、序列化をしてしまう限りにおいて、職場や社会の多様な人間の連帯や共生を叶えることは原理的に困難なのです。

行き尽く先は、どこまでいっても差異化であり分断、なのです。

先に挙げた耳に心地のよい啓蒙ことばは、これからも姿かたちを変えて私たちの前に横たわることでしょう。

しかし、それを唯一解だと思った瞬間から、包摂と真逆のこと、つまり排除が起きるのだと、頭の片隅に置いていただけたら幸いです。

先に挙げたアメリカ哲学のR・ローティは、哲学の本質主義を批判し、「残酷さを減らす」ことが社会の公共的な紐帯になると、「リベラル・アイロニスト」ということばを持ち、その知恵を述べました。

「残酷さを減らす」とはつまり、職場においては、「職場の傷つき」をなかったことにしないことからしか、実践し得ないことを繰り返しお伝えして、本章を閉じます。

おわりに

──傷ついた「変革者」であるあなたへ

ゲーテはかつて『若きウェルテルの悩み』[1]の中でこう言いました（ゲーテ著／竹山道雄訳）。

「世の中のいざこざの因になるのは、奸策《かんさく》や悪意よりも、むしろ誤解や怠慢だね。」

なるほど、と膝《ひざ》を打ちます。というのも、本書『職場で傷つく』の主旨とも重なるものがあるからです。この本において、

・悪意のある人が、善良なるあなたを傷つけようと残酷なことをしかけてくる
・職場をめちゃくちゃにかきまわし、破滅に追い込む悪人が後を絶たない

……といった話は、、、、、、一切出てきませんでした。

評価制度や、それに伴う配置・処遇のしくみ、今ある就職（就活や転職活動）のしくみに表れるような、人材を「しっかり」「きっちり」管理・統制することを企図した気高きしくみが、もともと違いがある他者同士の対話を抑制し、意図せずして、よりすれ違わせてしまう。

「能力主義」のパラドクスとも言える現象の解きほぐしに挑みました。

「できる人」「うまいことやれる人」「強い人」と「できない人」「うまいことやれない人」「弱い人」とをあたかも正当な能力評価として選別し、ひいては、

この職場にいていい人
この職場にいてはいけない人

のような、暗黙の分断を煽《あお》っている場合ではありません。「ウェルビーイング経営」だの「人的資本経営」だの「心理的安全性」だの「1 on 1」……さまざまな耳に心地のよい美辞麗句を躍らせている場合でもありません。

そうした排除や侮蔑に対して、「能力主義」が放つ正当性の光がまばゆすぎて、声を上げられないでいる個人の「職場の傷つき」を放っておいてなんて、とんでもない。
私は思います。
希望が欲しくなる昨今の状況について、きらめく施策に飛びつく前に、

「職場の傷つき」

という絶望を手当《ケア》てしないことには、上滑ってしまう、と。

希望を求める今こそ、絶望（**本書でいえば「職場の傷つき」**）**を直視する**。目を逸らしたり、口を塞《ふさ》ぎつづけたままで、活力あるイノベーションの中心地としての職場にするとか、個人が誇りをもってまい進できるようにするなんて、はっきり言って無理なのです。

本書の帯を書いてくださっている宇田川元一《うだがわもとかず》さんがおっしゃる、

「職場で傷つく」あなたも、いいえ、あなたこそが変革の主役であり、組織変革の入口にもうすでに立っている——というのは、真理だと感じます。

「あなたにはこれが足りない」「あれができないからダメなのだ。もっとがんばりなさい」「ちゃんとできている人もいるんだから！」と幼い頃から教育の場で、その後の労働においても、「評価」「指導」を受けて育ってきた私たち。

その端々で、本音を言えば、

〝え？　悪いのは全部私？　強い人しかこの世は生きられないの？〟

と喉元まで出かかって飲み込んできた経験は、誰にでもあるはず。でもそれ、気のせいではなかったのです。

本書は、その「違和感」が、自己や企業の変革の起爆剤なのだと考え、そのからくりと、活かし方を述べてきました。

大事なのでしつこく言いますが、組織の噛《か》み合わせが悪いときは、誰かひとりが「できの悪い人」だから起きているのでも、「豆腐メンタル」だから起きているのでも、「ハラッサー」だから起きているのでもありません。

もともと違いのある他者を、垂直方向に序列づけるのではなく、水平方向のバリエーション（持ち味の違い）をよくよく理解したうえで、日常の思いをことばにし、相手がわかるようにかけ合い、人と人の組み合わせをいじりながら、場を調整しつづける——組織開発が必要なのです。

「え？　そんなことなの？」

と拍子抜けされたかもしれません。

しかしこれこそがわかりにくく、面倒で厄介であるがゆえに、後回しにされてきたのも事実です。

そうして多くの人は、端折ったり、そもそもかけ合わず自分の想像で判断したりして、誤解はとどまるところを知りません。これが組織のいざこざを生み出す「誤解や怠慢」というわけです。

職場を変革するなんて、大仰に言わないでいいと思っています。宇田川元一さんが『企業変革のジレンマ』[2]（日本経済新聞出版　2024年）でおっしゃるとおり、日常をよしなに生き抜くのに、「（企業）変革」へのインセンティブなんて、本当は個人の側にないからです。だから私は、この「傷つき」から始める組織開発を、地道に提唱したく思います。

言わずもがなですが、誰かが生きるのに、誰の許可もいりません。誰かに正しく「評価」なんかされる、はるか前から、もうここに生きている。良し悪しなど無粋なものをつけずに、ただただ目を向け、耳を傾ける。地味でどうしようもなく終わりのなさそうな取り組みですが、生きるとはその集積に他ならない。仕事においては治外法権だなんてあり得ません。

あなたがそこにいてくれて、私がここにいるからこそ、ドタバタ？　ぐるぐる？　わちゃわちゃしながらも、組織も社会も回っている。これ以上の事実はありません。

人を垂直方向に見立てることなく、水平方向の持ち味の違いを意識しながら組み合わせ、感謝して、道中でことばを交わしていく。それでいいじゃありませんか。

ちなみに本書の射程範囲は職場でしたが、これは学校でも、家庭でも、地域でも、あらゆる2人以上の人間が目的をもって集まる組織が、酷似した状況にあることは付言します。

本書を通じて、傷つきを言えないから癒えなかったメカニズムと、その手当《ケア》ての一端を知っていただき、少しでも多くの方が、「なかったことにしない」生を、多大な時間と労力を費やす職場において、体現できますように。

そして、互いに尊重された、「いてくれてありがとう」というあたたかな空気の中で、組織を、ひいては社会をつくっていけますように。

と、この機会をいただけたことに感謝しきれません。本書は、初作を読んでいち早くご連絡くださった大和書房の藤沢陽子さんとの壮大な対話から生まれた一冊です。手練手管を尽くして人々の不安を煽《あお》り、焚《た》きつけるかのようなビジネス書でも、人の心を商品化するかのような自己啓発本とも異なる、現場でひたむきに働く人が「自分を取り戻す」ような一冊を作れないか？

と考え抜いて、たどりついたのがこの「職場の傷つき」というテーマでした。途中の半年間くらい、大したアイディアも出ず（笑）、それでもあーだこーだと辛抱強く議論し、支えてくださった藤沢さんに心からお礼申し上げます。これからもよろしくお願いします。

そして、数々のエピソードの元となったクライアントのみなさま、出会ってくださり、拙速に結論づけずに、紆余曲折をともにしてくださったことに感謝いたします。みなさんがいて、私がおります。これからも学び合うパートナーでいれたら、うれしい限りです。

「正しい」組織論を述べたいとか、人材開発業界に殴り込みをかけよう、なんて思ったことはただの一度もありません。私はたまたま、職場に少し詳しい、ひとりの母親で、闘病しながらよりよく働き、よりよく生きることを模索している者です。

あいまいでとらえどころのないものをゴミのように捨象したり、わかりやすいものだけを称揚、盲信するのではなく、「違和感」、ときに「傷つき」をしかと覚えながら、暗中模索されているあなた。明日の「変革者」であるあなたに、心の底からの感謝とエールを送りたい。ただそれだけなのです。本書が決して楽ではない職場の日常の希望の一筋になりましたら、泣いて喜びます。

勅使川原真衣

引用・参考文献

はじめに

1 2022_第1章_02_職場におけるメンタルヘルス対策の状況.indd (mhlw.go.jp)

2 「働く人のメンタルヘルスとサービス・ギャップの実態調査」コロナ禍で40-50代の「社会的成功者」にメンタル不調者が増加|リサーチ|NTTデータ経営研究所 (nttdata-strategy.com) など

第1章

1 ショムニ - Wikipedia　架空の大手商事会社にある、落ちこぼれ社員の左遷先である庶務二課（略称ショムニ）に勤める女性社員たちの人間模様を描いたコメディドラマで、原作は同タイトルの安田弘之による漫画。「落ちこぼれ」というか、扱いにくい人を集めた部署、と読み取れる。

2 第三者委員会による調査報告書公表のお知らせ|ニュースリリース|ダイハツ工業株式会社 企業情報サイト (daihatsu.com)

3 言われたことしかやらない「思考停止の社員」が多い職場の特徴・ワースト5 (msn.com)

4 写真ギャラリー7枚め|会社の害虫図鑑(1)マルチタスク虫、「あれもこれも完璧にやれ」で職場麻痺 生息地：ダメ上司の周辺／特効薬：優先する仕事を決める「ルール」づくり|JBpress（ジェイビープレス）(jbpressismedia.jp)

5 会社の害虫図鑑(1)マルチタスク虫、「あれもこれも完璧にやれ」で職場麻痺 生息地：ダメ上司の周辺／特効薬：優先する仕事を決める「ルール」づくり (1/6)|JBpress（ジェイビープレス）(jbpressismedia.jp) より

6 ビッグモーター不正請求問題 背景に過酷なノルマ - NHK クローズアップ現代 全記録

7 research-report.pdf (bigmotor.co.jp)

8 先のNHKクローズアップ現代での工場長の証言より

9 第10回「メンタルヘルスの取り組み」に関する企業アンケート調査結果|調査研究・提言活動|公益財団法人日本

生産性本部（jpc-net.jp）

10　伊藤忠は朝型勤務を改革　業務改善、起点はエンゲージメント調査：日経ビジネス電子版（nikkei.com）

11　麻生氏の「おばさん」発言に上川大臣「ありがたく受け止める」ルッキズムと批判の声（ABEMA TIMES）－Ｙａｈｏｏ！ニュース

12　「そんなに興奮しないで」待機児童で…総理 vs 山尾氏（tv-asahi.co.jp）

13　「アンガーマネジメント　本」で検索して出てくる山のような書影

第2章

1　『暴走する能力主義』中村高康　２０１８年　ちくま新書

2　企業に聞いた「採用したい人材像」、1位は？－2位意欲的、3位素直｜マイナビニュース（mynavi.jp）

3　企業が求める人材は16年連続「コミュニケーション能力」その打開策とは（２０２１年12月24日）－エキサイトニュース（excite.co.jp）

4　人材確保に関する企業の意識調査（tdb.co.jp）

5　https://x.com/daijapan/status/943600619943690240?s=20

6　https://x.com/hoshina_shinoda/status/1619838669397037058?s=20

7　『企業が求める〈主体性〉とは何か』武藤浩子　２０２３年　東信堂

第3章

1　タレントパレット（https://www.pa-consul.co.jp/talentpalette/）など既存のデータドリブン人事のためのサービスを参照。

2　ＭＢＴＩとは－[公式]日本ＭＢＴＩ協会、無料性格診断テスト｜16Personalities

3　クセになる「おっさんビジネス用語」どれだけ使ってる？エイヤ・全員野球・よしなに…｜News&Analysis｜ダイヤモンド・オンライン（diamond.jp）

4　『利他・ケア・傷の倫理学　私を生き直すための哲学』近内悠太　２０２４年　晶文社

第4章

1 適性検査「SPI」とは?|新社会人に向けて就職準備応援サイト|リクルートマネジメントソリューションズ(recruit-ms.co.jp)
2 https://x.com/nobuyukikoseko/status/1732360486132273435?s=20
3 https://www.asahi.com/articles/DA3S15867567.html
4 『偶然性・アイロニー・連帯』リチャード・ローティ(著)、齋藤純一・山岡龍一・大川正彦(訳) 2000年 岩波書店
5 『傷の哲学、レヴィナス』村上靖彦 2023年 河出書房新社
6 『プリズン・サークル』坂上香 2022年 岩波書店

おわりに

1 『若きウェルテルの悩み』J. W. von ゲーテ(著)、竹山道雄(訳) 1978年 岩波文庫
2 『企業変革のジレンマ』宇田川元一 2024年 日本経済新聞出版

本書の事例は、プライバシーを配慮し登場人物は
仮名表記に、個人の実話をベースに創作してあります。

勅使川原真衣（てしがわら・まい）

1982年横浜生まれ。東京大学大学院教育学研究科修了。ボストンコンサルティンググループやヘイグループなどのコンサルティングファーム勤務を経て、独立。教育社会学と組織開発の視点から、能力主義や自己責任社会を再考している。2020年より乳がん闘病中。著書『「能力」の生きづらさをほぐす』（どく社）は紀伊國屋書店じんぶん大賞2024で第8位に。最新刊に『働くということ 「能力主義」を超えて』（集英社新書）がある。だいわlog「組織のほぐし屋」、朝日新聞デジタルRe:Ronや論壇誌「Voice」（PHP）などで連載中。

職場《しょくば》で傷《きず》つく

リーダーのための「傷《きず》つき」から始める組織開発《そしきかいはつ》

2024年7月31日　第一刷発行

著　者　勅使川原《てしがわら》真衣《まい》
発行者　佐藤靖
発行所　大和《だいわ》書房
東京都文京区関口1-33-4　03（3203）4511
デザイン　寄藤文平・垣内晴（文平銀座）
本文写真　WE STEND61／左・Science Photo Library／右（ともにアフロ p248）
カバー写真　Maki Amemori
図　版　松好那名（matt's work）　朝日新聞2013年3月15日付（p42）
編　集　藤沢陽子（大和書房）
DTP　マーリンクレイン
本文印刷　厚徳社
カバー印刷　歩プロセス
製本　ナショナル製本

ISBN 978-4-479-79811-8